Dans les eaux troubles du

Loch Ness

Photo de couverture (sources) :
© vernonwiley, Stephanie_Zieber, Andrew_Deer – iStock

Conception graphique : Alain Cournoyer

ISBN 978-2-36651-105-5

Gilles Vincent

Une aventure de Michael Connors

Dans les eaux troubles du Loch Ness

polar jeunesse

Paul & Mike
EDITIONS

Du même auteur, aux éditions Paul&Mike

Gévaudan, le retour de la Bête

— Prix Bouquin'ados –

Jack l'Éventreur, le retour

Dans d'autres maisons d'édition

Djebel

Jigal éditions

Sad Sunday

Jigal éditions

Parjures

Jigal éditions

Beso de la muerte

Jigal éditions

– Prix Cezam –

Flamencos

Éditions Gascogne

Hyenae

Jigal éditions

Ce pays qu'on assassine

Éditions In8

Trois heures avant l'aube

Jigal éditions

Un, deux, trois, sommeil !

Éditions Cairn

PRÉFACE

« Dans les eaux troubles du Loch Ness » : une aventure littéraire collective et internationale.

En 2015, j'ai eu le plaisir d'animer un atelier d'écriture à l'International School of Béarn de Pau. L'enseignement y est prodigué en anglais. Les élèves avec qui j'ai travaillé sont des enfants d'expatriés de l'industrie pétrolière, issus des quatre coins de la planète : Angleterre, Norvège, Belgique, Russie, Argentine, Algérie, France.

Avec la complicité de leur professeure de français, Nathalie Lacoste, de Jette Buffet, son assistante, et de Maria Elias, la directrice de l'établissement, j'ai vécu une expérience littéraire et pédagogique sans équivalent.

Aussi, l'année suivante, je n'ai pas hésité une seconde à leur proposer le «projet un peu fou» que j'avais en tête : les retrouver et, avec eux, imaginer, fabriquer, composer le troisième tome de mes Polars pour ados. Bref, écrire ensemble mon futur roman.

Le jeudi 9 mars, à 13 heures 45, je les ai observés s'installer dans la classe. Vingt-et-un élèves, garçons et filles dans leur uniforme so british, de 13 à 17 ans, et de six nationalités différentes.

Quand je leur ai exposé le projet, ce fut une explosion de joie et d'enthousiasme.

Durant les six séances de deux heures qui suivirent, nous avons, tous ensemble, vécu une expérience inoubliable.

Nous avons d'abord imaginé les noms et prénoms de tous les personnages, leurs traits, leurs personnalités. Les gentils, les méchants, le chien, le chat, tout y est passé.

Puis nous avons créé le «chemin de fer» du roman : prologue, 23 chapitres, épilogue.

Tous ensemble, nous avons proposé, échangé, débattu et, au fil des séances, l'aventure écossaise de nos trois héros et de leur chat prenait forme. Une fois la trame déroulée, j'ai confié à chaque élève la rédaction d'un chapitre. Et, au fil des heures d'atelier, je les ai accompagnés dans ce travail de création.

La règle fixée était que je me réserve la rédaction du prologue et de l'épilogue.

À charge pour chacun d'eux de rédiger, à la mesure de leurs possibilités, un chapitre entier... ou presque.

Durant chaque séance, chacun me proposait ce qu'il avait fait et je leur suggérais les modifications nécessaires.

Ainsi, chacun progressait dans son travail d'apprenti-écrivain.

Le jeudi 11 mai 2017, à 16 heures 30, se clôturait notre atelier d'écriture. Chacun était allé au bout de ses capacités et je repartais chez moi, le cartable chargé de tous ces chapitres griffonnés.

Mi-juillet, après deux mois d'écriture, de modelage, de corrections, j'envoyais le texte à mon éditeur qui, après lecture, l'accepta sans hésitation.

Aujourd'hui, à quelques semaines de la publication de *Dans les eaux troubles du Loch Ness*, je tiens à remercier Maria Elias pour la confiance qu'elle m'a accordée, Nathalie Lacoste pour son enthousiasme, son savoir-faire et sa complicité, ainsi que Jette Buffet, pour son assistance précieuse.

Merci, bien sûr, à vous, mes vingt-et-un compagnons de cette aventure littéraire. Vos noms, prénoms, âge, classe (niveau d'étude exprimé en anglais et en français), ainsi que votre nationalité sont indiqués au début de chacun des chapitres de ce roman.

Merci pour votre gentillesse, votre ardeur, votre énergie et votre créativité.

Je suis fier d'avoir travaillé avec vous et j'espère que le souvenir de ces heures passées ensemble restera gravé dans vos mémoires autant que dans la mienne.

Avec toute mon amitié,

Gilles Vincent

PROLOGUE

Nord de l'Écosse
Le 3 décembre, 5h50

Craig Campbell fait reculer son pick-up, prenant soin de s'arrêter à deux bons mètres de la rive. Une fois sorti de la cabine, il enfile ses gants de cuir, fait disparaître sa tignasse rousse sous son bonnet de laine et se dirige vers l'arrière du véhicule.

Tandis que Craig boutonne sa parka jusqu'à recouvrir son menton, Duncan, son fils de treize ans, descendu à son tour, se tape les épaules des deux mains, histoire de se réchauffer un peu.

– Grimpe là-dessus fiston, indique Craig en désignant la plate-forme du 4X4. Tu défais les sangles et tu fais glisser le canot vers l'arrière.

Le gamin se hisse en prenant appui sur ses avant-bras et, une fois debout, entreprend de dénouer les liens. Craig Campbell glisse une cigarette blonde entre ses lèvres et, en attendant que son fils termine de libérer l'embarcation, il laisse son regard dériver sur les eaux sombres du lac. Du moins, sur ce que la brume en laisse entrevoir.

Un brouillard gris recouvre le Loch Ness, comme une nappe de fumée dispersée à la surface des eaux. N'apparaît qu'une étendue sombre, presque noire, s'étalant sur une trentaine de mètres avant de disparaître dans l'ouate grise de la nuit.

Campbell tire une dernière taffe et projette le mégot incandescent qui disparaît, englouti par les premiers clapotis.

– Attends, fiston. Je viens t'aider. Pour ce genre d'opération, on n'est pas trop de deux, tu verras.

Ils font sortir la large pirogue du véhicule et, c'est en soufflant comme des ânes qu'ils la portent jusqu'à l'eau, évitant soigneusement de griffer la coque de bois contre les pierres qui parsèment la petite plage.

– Allez, on grimpe et on s'aide des rames pour prendre le large.

Le bois de l'embarcation racle légèrement les galets de granit qui recouvrent les premiers fonds et, en moins d'une minute, la barque glisse sur les flots, rapidement avalée par les premiers lambeaux de brume.

– Tu crois que ça va se lever ?

Campbell lève les yeux, à la recherche d'un bout de ciel, invisible.

– Hier, au bulletin météo, ils ont parlé d'un petit vent du Nord, à partir de six heures. T'inquiète, fiston, ça devrait être suffisant pour dégager ce merdier.

Autour de l'embarcation s'étale une masse filandreuse de coton gris que seule la torche électrique de Craig Campbell parvient à trouer un peu.

– Et on fait quoi en attendant, p'pa ?

L'air indécis, Campbell, du bout des doigts, se frotte le menton, puis lève la tête vers le plafond cotonneux.

– On va souquer gentiment jusqu'au milieu du lac, là où les fonds sont les plus importants. Une fois sur place, on se prend un p'tit thé, on prépare les amorces et on attend que ça se lève un peu.

Étrange spectacle que cette barque qui s'enfonce dans un brouillard de plus en plus épais. Seul le clapotis des rames qui plongent à cadence régulière parvient à percer le calme de cette fin de nuit. Autour des bouches, on peut observer la buée des respirations. Sur les fronts, la sueur se mêle au givre.

Après dix minutes d'effort, Craig Campbell couche sa rame à l'intérieur de l'embarcation.

– Pendant que je prépare les amorces, tu balayes la surface de l'eau avec ta torche et, en même temps, tu balances de la mie de pain à la surface.

D'une poche de sa parka, il extrait une lampe de poche cylindrique qu'il allume avant de se la coincer entre les dents. De la glacière posée sur ses genoux, il sort un sachet empli de bouts de pain qu'il commence à disperser autour de lui.

Dans le faisceau jaune de la lampe, le pain, en petites boules claires, flotte à la surface, quelques secondes, avant de couler à pic.

– C'est profond comment, p'pa ?

– Environ 750 pieds. Pour te donner une idée, ça représente un immeuble de plus de soixante étages.

Duncan n'ose même pas imaginer. Par la pensée, il se voit en tenue de plongée, descendre à la verticale. Se fondre dans le noir, s'éloigner du jour, de la vie, rejoindre les ténèbres.

– T'en fais une tête, raille son père. Ne me dis pas que t'as peur !

Duncan préfère garder pour lui les sentiments confus qui l'envahissent. La noirceur des eaux, le brouillard comme un drap mortuaire, le silence de la nature qu'il sent en embuscade, et puis ces profondeurs. Des millions de mètres cubes d'eau glacée, des à-pic vertigineux qui s'enfoncent dans la nuit des eaux. Sans parler de la bête qui peut-être sort de sa tanière et rôde, louvoyant vers la surface, quelque part, venant des gouffres abyssaux. Ce monstre dont tout le monde parle sans jamais l'avoir vu.

Dans la gorge de l'adolescent, une boule s'est installée. Une sorte d'affolement silencieux. Sans raisons, si ce ne sont celles que lui souffle son esprit trop imaginatif...

– Non, non, ça va, p'pa, ment-il avec aplomb, je me demandais juste le genre de poisson qu'on allait attraper.

Campbell déroule la liste des prises possibles.

– Si on a de la chance, on peut remonter un brochet ou quelques saumons. Au pire, une ou deux anguilles et une bonne poêlée de truites pour ce soir. En tous cas, c'est ta mère qui va en faire une tête, si...

À quelques mètres devant l'embarcation, l'eau semble soudain prise de tourbillons. Comme une vague qui remonterait du fond et qui, maintenant, fait un peu tanguer la barque.

– C'est quoi, p'pa ?

– J'en sais rien. Un banc de saumons, sans doute.

Ce qu'ils ne peuvent deviner, vingt mètres sous eux, c'est cette masse sombre qui danse entre les eaux. Sur la droite, à cinq ou six brasses, un régiment de bulles remonte à la surface. Puis, émergeant des eaux noires, une ombre, toute en longueur, progresse à fleur d'eau avant de disparaître et de se glisser sous la barque. Le père et le fils ont tous les deux vu la même chose : une masse d'écailles, luisante et poisseuse, comme celles qui recouvrent le dos des crocodiles. Une carapace de gigantesque lézard ou de serpent hors-norme.

Ils se regardent et ne peuvent prononcer un mot. Au premier choc, la barque se soulève d'un demi-mètre et retombe sur l'eau dans un claquement sec. Craig Campbell ne peut effectuer le moindre mouvement, comme paralysé.

– P'pa, c'est quoi ?

Campbell est parcouru d'un frisson électrique.

– Rame ! Rame ! On fout le camp. Vite !!!

Étrange spectacle que ce canoë de bois propulsé par deux rameurs terrorisés. Étonnant tableau que cette embarcation qui file entre les nappes de brume, se dirige à l'aveugle dans l'espoir de toucher enfin la berge. Le silence du lac, ponctué du souffle affolé s'échappant des bouches et de la percussion cadencée des rames. Sur les visages tendus, les signes d'une peur primale : celle des hommes face à la bête.

Dans le dos de Duncan, se dessine, à peine perceptible, la ligne irrégulière de la petite plage d'où ils sont partis.

– Continue, on y est presque, crie Campbell entre ses dents.

Sur la droite de l'embarcation, le brouillard perd brusquement de sa densité. Laisse à la lune le pouvoir d'éclairer la scène. De mettre en lumière la masse gigantesque qui surgit des eaux, s'avance et s'abat en un hurlement d'un autre âge avant de disloquer la barque dans un fracas de bois, de chair et de métal.

Entre deux eaux, Craig Campbell n'a pas le temps de se dire que c'est fini. À peine une seconde avant d'avoir le dos broyé par le choc suivant et de couler à pic.

Ce qui surprend Duncan, c'est le froid. L'étau glacial de l'eau qui imbibe ses vêtements. Il a l'impression de peser une tonne et pourtant, la peur, à défaut d'ailes, lui donne des nageoires. À trente ou quarante mètres, sur la berge, il devine la silhouette métallique du 4X4. Alors, il n'a plus qu'une idée en tête : faire tous les efforts du monde pour regagner la terre ferme.

Comme on lui a appris à la piscine, il bat des pieds, fend l'eau de ses bras, de ses mains. Tous les trois mouvements, il reprend sa respiration, ne pense plus qu'à ça : respirer, avancer, respirer. Surtout, rejeter en arrière l'image du monstre qui attaque et tue, l'extraire une minute ou deux de sa mémoire. Ne pas s'attarder sur son père qui a disparu dans le noir des eaux. Éviter la panique, la terreur qui paralyse et condamne.

Dix mètres sous lui, deux yeux brillants ne quittent pas leur proie du regard. La profondeur de l'eau diminue rapidement à l'approche de la terre ferme. D'un mouvement sec de la queue, la carcasse écailleuse se propulse vers la surface, en direction des petites jambes qui battent l'eau en mesure. Le choc est inouï. Semblable, sans doute, à celui que produirait le pare-chocs d'un camion ou la proue d'un bateau à moteur. L'adolescent vole dans les airs et retombe en tourbillonnant dans l'eau froide.

Duncan ouvre les yeux, ne voit que des bulles, plus que le sombre du lac et la surface, à moins d'un mètre au-dessus de lui. Le froid lui compresse le corps comme un corset de glace. Il avale une tasse à plein poumons, sent dans sa gorge le goût de la vase et des feuilles moisies. Il sent qu'il va perdre connaissance. L'acceptation de la défaite. Une résignation. Autour des chevilles, des mâchoires comme des tenailles l'entraînent vers le fond.

Une douleur qui emporte tout.

Une dernière fois, le jeune Duncan ouvre les yeux, observe la surface de l'eau qui s'éloigne. Si loin. Si vite. Si vite...

Lyane Ndossi Vinay
Grade 9 / Quatrième
13 ans
Française

CHAPITRE 1

Premiers pas à Cawdor

Écosse
19 décembre, Gare d'Édimbourg

Un coup de sifflet retentit sur les quais, suivi d'une annonce grésillant aux divers haut-parleurs de la gare. « *Le train de 11 heures 40 à destination de Cawdor partira dans deux minutes. Il desservira les gares de Perth, Aviemore...* »

Michael Connors, son frère Vel, leur amie Rose et Wilde, leur chat, bondissent du banc sur lequel ils s'étaient assoupis et se précipitent sur le quai.

À peine monté dans le train, Wilde commence à râler.

– Mais, c'est pas possible, cette course à perdre haleine. Z'croyais qu'on était en vacances, moi, pas en plein marathon !

Les enfants se tournent vers Wilde et éclatent de rire, avant de repérer les sièges qui les attendent et de s'y caler confortablement. Les passagers déjà installés regardent le groupe de jeunes gens et leur chat, étonnés que des adolescents puissent réagir à ce point au simple miaulement de leur animal de compagnie.

Ce qu'ils ignorent, c'est que, depuis des années, par un phénomène aussi étrange qu'inexplicable, ce petit chat roux et blanc comprend chaque parole des êtres humains. Mieux que de les déchiffrer, il en saisit les nuances, les expressions, le moindre degré. Et, par un juste retour de balancier, ses trois maîtres n'ont aucune peine à traduire le moindre de ses miaulements. Une suite de miaous particuliers, dont le zozotement, reconnaissable entre mille, constitue une incontestable signature sonore.

Depuis le jour où ils ont pris conscience de ce miracle, Michael, Vel et Rose, la fille de leur voisine, ont décidé de garder tout cela secret. Comme un précieux trésor, une pièce rare de l'adolescence qu'il faut conserver à tout prix. Un moyen aussi, c'est sûr, de ne pas passer pour des farfelus complets.

Les premiers faubourgs d'Édimbourg laissés derrière eux, les ados et leur chat sont déjà loin. Perdus dans un soudain sommeil. Il faut dire que la journée n'a pas été de tout repos. Réveil à quatre heures. Après un passage éclair par la salle de bains, premier train Brighton-Londres à cinq heures quarante, puis changement de gare, six heures de voyage jusqu'à Édimbourg et là, dernier tronçon jusqu'à Cawdor, à deux cents miles plus au nord. Un réveil aux aurores pour treize heures de voyage, de quoi assommer le plus vif des adolescents...

Pourtant, à peine le train s'est-il extrait des banlieues de la grande ville, Vel ouvre un œil et se redresse sur son siège. Tandis qu'il sort de son sac à dos quelques-uns des livres qu'il a pris soin d'emporter, Wilde se coince entre son épaule et la vitre, se love contre le cou de l'ado et se met à ronronner.

– Te gêne pas, mon chat. Fais comme chez toi...

– Normal, c'est là que z'suis le mieux. Un œil sur tes bouquins, un autre sur le paysaze. Moi, au moins, ze peux dire que ze voyaze en première classe.

Vel ne parvient pas à se concentrer. L'excitation du voyage, tout ce qui les attend aussi : le château et son gardien, la campagne écossaise et le mystérieux lac du Loch Ness. Deux semaines à explorer la région, fouiller, remuer ciel et terre pour trouver une trace, une piste, et pourquoi pas, une preuve de l'existence du célèbre monstre.

– À quoi tu penses, frérot ? murmure Michael en s'étirant.

– À tout ce qui va nous surprendre. Je suis tellement impatient d'y être que j'arrive plus à dormir.

Soudain, le léger ronflement de Rose les fait sourire. La jeune fille, d'à peine quatorze ans, s'est endormie comme une souche. La tempe appuyée contre la vitre, elle semble s'être extraite du monde qui l'entoure, loin du voyage, du paysage qui défile.

Michael l'observe d'un air attendri.

– Tu l'aimes bien, hein ? interroge Vel en souriant.

Michael pose un doigt sur ses lèvres.

– Chut, des fois qu'elle nous entende.

Il sourit à son tour et poursuit, un peu sur la défensive.

– Je l'aime bien, je l'aime bien, comme toi, Vel. Ni plus, ni moins. C'est une super voisine, non ?

Vel, un an plus jeune que son frère, songe à la première fois qu'il a vu Rose. C'était il y a quatre ans. Après le divorce de ses parents, elle avait emménagé avec sa mère dans la maison, juste derrière chez eux. Très vite, elle était devenue leur copine favorite. Balades en vélo, courses-poursuites, excursions, pique-niques, elle était de tous les coups. Et depuis l'année dernière, elle les accompagnait même pour les vacances.

– Oui, je l'aime bien, finit par répondre Vel. Un peu comme une frangine. Mais toi, j'sais pas.

On dirait qu'il y a autre chose. Allez, j'suis ton frère. Tu peux me dire, après tout !

Michael pointe un index sur son front.

– Vie privée, mon vieux. Tout ce qu'il y a là-dedans, tu vois, c'est consigné, top secret.

– Tu parles, siffle Wilde. Ça se voit gros comme une taupe dans un zardin que t'en pinces pour la miss. Alors, s'il te plaît, ne nous prends pas pour des zozos.

Soudain, Rose s'étire et ouvre les yeux.

– Qu'est-ce que vous dites, les garçons ? Il me semble avoir entendu parler de taupes et de jardin...

– Tu y es presque, répond Michael du tac au tac. On disait juste que ça allait être top ces vacances au pays des grippe-sous.

Sur le visage de Rose, une moue dubitative.

– Dis-moi, Wilde, c'est vrai ce que Michael raconte, ou il me cache quelque chose ?

Le petit chat se redresse sur l'épaule de Vel.

– Heu... C'est la vérité pure, Rose. Griffe de bois, griffe de fer, si ze mens, z'ai des plumes qui me poussent au derrière !

Le silence retombe dans le compartiment et les ados, au travers des vitres, découvrent la beauté des paysages. Après avoir laissé derrière eux l'estuaire glacé et argenté de la mer du Nord qui baigne la ville d'Édimbourg, le train file entre de vastes collines presque montagneuses.

Des sommets de granit et de schistes, des versants recouverts de bruyères et de fougères. À l'est comme à l'ouest, aussi loin que porte le regard, se dessinent les reliefs d'une terre battue par les vents du large.

Quelques heures plus tard, gare de Cawdor.

– Allez, debout ! On est arrivés, bande de paresseux !

Les rugissements de Wilde réveillent en sursaut le petit groupe. Chacun enfile son anorak, récupère qui sa valise, qui son sac à dos et se dirige vers la porte de sortie.

À peine descendus du train, ils sont accueillis par un vent glacial, spécialité de la région. Rose sort son bonnet d'une poche de sa doudoune et l'enfonce sur son crâne.

– On voit que le pôle Nord n'est pas bien loin, marmonne-t-elle en remontant la fermeture-éclair jusque sous son menton. Belles vacances en perspective...

Michael enfile ses gants tandis que Vel s'amuse du halo de buée qui sort de sa bouche à chaque expiration.

– Un froid de canard, c'est clair, s'écrie Vel.

Wilde, lui, trottine entre ses maîtres.

– Ne me parle pas de canard, please. Avec ce voyaze à rallonze, z'ai une fin de tigre.

– Au lieu de bavarder, avancez, maugrée Michael en frissonnant. Plus vite on chope un taxi, plus vite on aura chaud.

Comme pour exaucer son souhait, dès la sortie de la gare, le chauffeur de taxi en tête de file leur ouvre son coffre avec un grand sourire. À peine entrés dans l'immense break, chacun laisse exploser son impatience, livrant aux autres toutes ces questions qu'ils ont en tête et qu'ils ont bien du mal à contenir.

Quel genre de château vont-ils trouver ? Ils sont bien allés voir sur Internet, mais des photos sur un écran peuvent dissimuler bien des choses. Et avec le gardien du château, un vieux célibataire nommé Mac Abbey, quel genre de bonhomme vont-ils découvrir ?

Sans oublier le lac du Loch Ness et son célèbre monstre.

Légende, fable ou effrayante réalité ?

La nuit est tombée sur la petite ville de Cawdor. À travers les vitres de la voiture, on peut apercevoir des maisons de pierres aux lourds volets de bois. La pente se raidit d'un coup et, après quelques virages, sous les lueurs conjuguées d'un réverbère et de la lune, apparaît la silhouette du château.

– Voilà les enfants, on y est.

Michael sort son porte-monnaie tandis que le taxi s'immobilise sur les graviers de la cour.

– Garde tes sous, mon gars. Le vieux Mac Abbey a réglé la course d'avance.

L'homme vide le coffre des bagages et disparaît aussitôt, appelé déjà par d'autres voyageurs.

Dans le froid de la nuit écossaise, planté au beau milieu de la cour, le petit groupe, valises et sacs au pied, découvre l'endroit. Une vaste demeure composée de bâtiments successifs. Au milieu, une tour centrale et autour, des ailes agrémentées de petits donjons à flanc de murailles. Les murs, à l'image des maisons de la ville, sont composés de pierres grises. Sur les toits éclairés par la lune, on peut discerner un enchevêtrement géométrique d'ardoises anciennes dont certaines semblent couvertes de mousse.

Face à eux, un large escalier mène à l'imposante porte d'entrée.

Les secondes passent et le silence s'installe dans la cour.

– Bonzour, l'accueil ! réagit Wilde. Il nous a oubliés, le gardien du sâteau, ou quoi ?

Michael s'avance vers l'escalier de pierres.

– Peut-être qu'il est sourd. Je vais frapper, on va bien voir.

D'un coup, sur la droite des bâtiments, semblant provenir du fond du parc, une voix déchire la nuit.

– J'arrive, les enfants, j'arrive !

S'approchant à grands pas, apparaît un homme pour le moins surprenant. Grand et maigre comme une volaille efflanquée, la bouche surmontée d'une colossale moustache blanche, les cuisses couvertes d'un kilt écossais qui lui bat les genoux. Autour du cou, un cordon de cuir au bout duquel pend une gourde plate en inox qui bat la poitrine du vieil homme à chaque pas. Pour achever le portrait, dans une main, une serpillière, et dans l'autre, un seau en plastique débordant de chiffons et de produits divers.

– Ze rêve, ou on est au bal masqué ?

Vel fait signe au chat de se taire.

L'homme s'avance jusqu'à eux, pose le seau et leur tend une main franche.

– Je me présente : Mac Abbey. C'est moi, le maître des lieux. Désolé de vous avoir fait attendre, mais j'étais occupé au fond du parc, sans compter que je ne savais pas l'heure exacte à laquelle vous alliez arriver. Mais bon, l'essentiel, nom d'un pur malt, est que vous soyez là, pas vrai ?

Il se saisit du seau et avance vers l'escalier.

– Je vais vous installer dans vos chambres et après, vous me raconterez votre journée.

Il se dirige vers le perron et poursuit.

– Après un voyage pareil, un bon repas ne sera pas de trop pour vous retaper.

De l'autre côté de la porte retentit une salve d'aboiements.

– Vous avez un chien ? hasarde Rose.

– Pourquoi, t'en as peur, gamine ?

– Ben, ça dépend de la taille. Je me suis fait mordre quand j'étais p'tite, et depuis...

– T'inquiète, répond le vieux en déverrouillant la porte, le vieux Macaron, c'est son nom, il n'a jamais mordu personne. À part un chat qu'il course de temps en temps...

En entendant ces mots, Wilde saute sur le sac à dos que Vel vient de s'accrocher à l'épaule.

– Déza que le vieux, on dirait un colonel de la grande époque, mais en plus, s'il a un clebs qui fait la sasse aux minous, ça va pas être des vacances, z'vous le dis, moi, mais un staze commando.

Alors que le vieil homme s'apprête à ouvrir, Michael s'avance à sa hauteur.

– Dites-moi, c'est quel genre, votre chien ? Style cocker, ou bien mahousse costaud ?

– Le genre patapouf, sourit Mac Abbey. Vous allez voir.

Sur ces mots, il pousse la porte et laisse Macaron se jeter dans l'escalier. Une masse de poils blancs et marrons se met à tourner autour du groupe, à sauter en aboyant.

– Il est beau ! réagit Rose. Avec des yeux bleus comme ça, c'est quoi comme race ?

Mac Abbey ouvre en grand et tape ses souliers sur le paillasson.

– J'en sais trop rien, petite. C'est un voisin qui l'a trouvé à la sortie de la ville. Sans doute abandonné. D'après le vétérinaire, il serait issu d'un croisement de Husky et d'Épagneul. J'en sais pas plus. En tout cas, ça va faire dix ans qu'il me tient compagnie et, vous verrez, c'est vraiment une bonne bête.

Wilde toujours perché sur le sac à dos de Vel, n'a pas quitté le chien des yeux.

– Abandonné, comme moi quand z'étais p'tit ? C'est déza ça, il doit pas être si mauvais, ce toutou...

Sophia Lederman
Grade 9 / Quatrième
14 ans
Anglaise

CHAPITRE 2 :

Chacun ses rêves

19 heures

Rose, comme toute fille ordonnée qui se respecte, plie ses derniers vêtements sur les étagères de son armoire. Ce n'est pas qu'elle soit maniaque, mais quand elle voit les garçons perdre un temps fou dès qu'il faut trouver quelque chose... Et puis, à la maison, sa mère n'a pas les moyens de s'offrir une femme de ménage. Alors, tant pour donner un coup de main que pour mieux s'y retrouver dans ses effets personnels, elle a pris l'habitude de ranger les choses à leur place.

Wilde, lui, s'est installé sur le duvet de Rose et ne la quitte pas des yeux.

– Moi, z'adore les filles. Elles sont ordonnées, c'est zénial. Et si ça tombe, dans la foulée, elle va même me ranzer mes affaires, rêve-t-il en s'étirant. Un paquet de croquettes, une gamelle avec mon nom inscrit dessus et une laisse au cas où on irait se balader dans la haute société. C'est bon, ça va pas lui prendre deux zeures.

On frappe, et la porte s'ouvre sur la bonne bouille de Vel, sa crinière rousse et ses taches de rousseur qui parsèment son petit nez en trompette.

– Michael n'est pas avec toi ?

Avant de répondre, Vel regarde autour de lui, repère un tapis ancien et, comme à son habitude, s'installe par terre. Non qu'il déteste les chaises, les lits ou les fauteuils, mais il affirme qu'au sol, les fesses collées au plancher ou sur un carrelage, il ressent mieux les ondes de l'endroit. Les maisons, c'est ce qu'il prétend, ont de la mémoire. Derrière les murs, les cloisons, les apparences intérieures, se cachent des vies secrètes, des souvenirs d'existences passées. Et pour mieux percevoir l'âme d'un lieu, comme il le dit, mieux vaut être en contact direct. Éviter les sièges qui, en fait, ne seraient que de maudits barrages.

– Il ne va pas tarder. Il finit juste de déballer son fourbi. Mais, tu le connais, notre poète. Pour trouver un truc dans son sac, au minimum faut être spéléologue !

Wilde s'est approché de son jeune maître et, en équilibre au bord du lit, lui caresse la tête de la pointe de sa queue.

– Alors, Rose, comment tu trouves l'endroit ?

Elle referme son placard et s'apprête à répondre quand, dans le couloir, résonne la voix de Michael.

– Hou, hou ! Vous êtes là ?

Rose se précipite et ouvre à son ami.

– Entre, on n'en était à nos premières impressions.

Michael apparaît, un petit carnet noir à la main.

– Ne me dis pas que tu as déjà écrit un poème sur le château !

– Non, faut pas exagérer, répond-il en s'asseyant sur le lit de Rose. Mais tu sais bien que je le prends toujours avec moi, au cas où me viendrait une idée.

C'est vrai qu'elle le connaît sur le bout des doigts, son jeune voisin. Michael, quand il n'est pas à l'école ou en train de faire ses devoirs dans sa chambre, a coutume de disparaître quelques heures. Au fond d'un parc ou sur une plage déserte, il aime s'isoler, s'extraire de son quotidien. Une fois seul, balayé par le vent du large ou entouré du simple craquement des arbres, il s'abandonne à la magie des rimes qui lui viennent en tête. L'écriture et lui ne font qu'un et, dans ces instants où il griffonne sur le carnet qui ne le quitte jamais, il sent vibrer la force de sa liberté.

Et puis, quand sa montre lui indique l'heure de rentrer, que dans son ventre résonnent les grouillements d'une petite faim, il reprend le chemin de la maison. Heureux de ce qu'il a pu noter sur ses petits feuillets. Ce carnet à spirales – il en possède d'ailleurs toute une collection – auquel il confie ses pensées les plus secrètes, les vers les plus intimes, tous ces sentiments qu'il préfère taire et consigner sur les petits carreaux des pages blanches.

– C'est bien beau la poésie, miaule Wilde, mais c'est pas ça qui nourrit son matou. Z'ai une faim, moi, ze vous dis pas... Et puis, c'est pas un peu un truc d'une autre époque d'écrire des poèmes à toute heure du zour et de la nuit ?

– Wilde ! s'exclame Rose.

Elle prend ses amis à témoin.

– C'est pas un chat qu'on a, c'est un vrai estomac sur pattes.

Vel se tourne vers son animal de compagnie.

– On sait tous que la littérature, c'est pas ton fort, mon vieux, mais t'inquiète. Vu l'heure, on ne devrait pas tarder à nous appeler pour le dîner.

Il fixe son frère en souriant.

– Je suis en partie d'accord avec toi, Michael. C'est vrai, c'est bien la poésie, mais il n'y a pas que ça sur terre, quand même.

Il ouvre l'épaisse chemise cartonnée qu'il a emportée avec lui.

– Vous allez voir, j'ai un paquet de choses intéressantes à vous montrer.

Il ôte les attaches élastiques et étale devant lui un amas de feuilles éparses et de post-it. Sur chaque document photocopié, des ratures à n'en plus finir et des notes en marge.

– Nom d'un pâté de souris, on peut savoir ce que c'est que tout ce bazar ?

– Ça, mon cher Wilde, c'est un dossier complet sur le lac du Loch Ness.

Fier de son travail de super enquêteur, il sourit à ses acolytes.

– Vous savez que j'aime bien faire un peu de recherches sur nos destinations de vacances, et comme je vous l'ai dit dans le train, je n'ai pas fait les choses à moitié.

D'un geste de la main, il montre l'ampleur de la documentation amassée.

– Je veux pas vous la faire *serial monster*, mais franchement, il y a de quoi se poser des questions.

Michael, qui connaît son frère par cœur, lève les yeux au plafond.

– Et on peut connaître les genres de questions, m'sieur le détective ?

Face aux mimiques de son aîné, Vel a du mal à dissimuler son agacement.

– Détective, peut-être pas, mais enquêteur, documentaliste, historien, c'est sûr. Je joue un peu tous les rôles, si tu vois.

Il farfouille dans les documents étalés devant lui et finit par extirper la reproduction d'une photographie prise des décennies auparavant.

– Ça, c'est un cliché incroyable ! Le seul, jusqu'à aujourd'hui, du fameux monstre du Loch Ness.

Il brandit le cliché fièrement, attendant les réactions.

– Parce que tu crois à ces sornettes ? s'exclame Michael. Redescends sur terre, mon p'tit Vel. C'est une légende, ta bestiole. Rien d'autre. Une histoire à dormir debout, sans aucune preuve, aucun témoin. Juste cette photo qui sent le trucage à dix miles à la ronde.

Visiblement, Vel préfère sourire à la réaction de son frère. Il range les documents dans la chemise et conclut la discussion par un simple commentaire. Une phrase comme une petite flèche, non dénuée d'ironie.

– Vous voyez, ce cliché où l'on peut voir le cou et la tête du monstre émergeant de l'eau, eh bien il date de 1934. C'est vrai, Michael, qu'à l'époque, Photoshop avait déjà fait ses preuves...

– Ne le prends pas comme ça, Vel, tente Rose. Michael voulait juste dire que tout ça, toute cette histoire de monstre ne se base pas sur des faits scientifiques. C'est tout, rien de plus.

Vel remet les fermetures élastiques en place et pose l'épaisse chemise sur ses genoux.

– Je suis quand même surpris qu'entre un fan de poésie et une passionnée du ciel et des étoiles, vous soyez si terre-à-terre, tous les deux. Moi, scientifique ou pas, je ne vais pas lâcher le morceau. Et le monstre, je peux vous dire qu'il n'a qu'à bien se tenir. Maintenant, si ça ne vous intéresse pas...

– Oh, c'est bon, les zeunes, rugit Wilde. On a pas fait le voyaze zusqu'ici pour se faire la tronsse.

Les trois se mettent à sourire.

– Pour tout vous dire, poursuit le petit chat roux et blanc, z'suis pas venu ici pour sasser le monstre du Loch Ness, ni pour zouer les grands poètes. Moi, mon programme, c'est grasse mat' à volonté et, une heure par zour, et encore, une petite visite du sâteau. Sans compter que le Macaron de la maison, ze vais quand même lui montrer de quel bois on se sauffe à Brighton. Ze vais lui faire comprendre, moi, ce que c'est qu'un vrai sudiste.

Rose se lève et se dirige vers l'unique fenêtre de sa chambre.

– Wilde a raison. On est venus ici pour se régaler. Chacun à sa manière...

Le nez contre la vitre, elle lève les yeux vers les étoiles qui viennent d'apparaître, suit du regard l'ombre fugace des nuages, de plus en plus nombreux, qui semblent faire la course entre eux.

– À table !!!

Du rez-de-chaussée, Mac Abbey a mis ses mains en porte-voix pour être sûr d'être entendu.

Les garçons, suivis de Wilde, quittent la chambre tandis que Rose s'attarde un instant, le front collé à la fenêtre. Elle imagine les croquis qu'elle va réaliser du lac et de ses berges, le jour, la nuit, sous toutes les lueurs que le ciel ne doit pas manquer d'offrir. Au fond du parc, entre deux arbres, la lune s'accroche à un petit renflement, une surface grise, géométrique, qui luit un peu avant que les nuages, chargés de neige, n'emplissent le ciel de ce bout d'Écosse.

Louis Croguennec
Grade 9/Quatrième
14 ans
Anglais

CHAPITRE 3 :

Un repas mémorable

Dans les couloirs du château, le petit groupe suit Mac Abbey. Curieusement, le châtelain est affublé d'une toque de cuistot qui lui donne l'air d'un pharaon sur le déclin. Après maintes portes et vestibules, ils débouchent enfin sur la salle à manger.

Wilde, perché sur l'épaule de Rose, se penche à son oreille.

– C'est le moyen-âze ici. Ze sais pas pourquoi, mais cette ambiance, ça m'fout les soquottes.

Devant eux, s'étale une table d'une vingtaine de mètres autour de laquelle sont disposées des chaises capitonnées au dossier immense. Aux quatre coins de la pièce, comme fixées aux murs, d'imposantes armures semblent dater du temps des croisades.

À chaque extrémité de la table, un peu perdus, une assiette et ses couverts.

Mac Abbey a disparu dans la cuisine attenante. Entre le fracas des casseroles et des plats, résonne sa voix caverneuse.

– Prenez place les amis, j'arrive !

Chacun s'approprie une chaise tandis que Wilde s'approche de la gamelle qui lui est destinée.

– Ze sais pas, mais moi, ze le sens pas le vieux. Avec la tronsse qu'il a, ze pense qu'il va nous faire manzer des sauve-souris. Et puis, ze sais pas ce que vous pensez de cette odeur, mais fransse-ment, ça sent pas vraiment le zigot d'agneau.

Macaron, assis aux pieds de la chaise de son maître, ne peut s'empêcher de réagir.

– Eh, t'inquiète, le chat. Ça fait dix ans que je me suis installé ici en pension complète et jamais une indigestion. Un p'tit rot et quelques prouts, je dis pas, mais malade, jamais !

Raide comme un I, les bras chargés d'un plat qui paraît peser une tonne, Mac Abbey fait son entrée en scène.

– Écailles de hareng à la sauce whisky, accompagnées d'entrailles de moutons. Le tout accompagné du célèbre clapshot[1] !

Ils regardent tous, bouche bée, le repas qui les attend.

1 *Clapshot :* plat écossais traditionnel originaire d'Orkney. Combiné de navets et de pommes de terre servi avec des *haggis* (boudin de cœur et de foie de mouton) ou des gâteaux d'avoine.

– C'est dingue ! siffle Wilde entre ses moustaches. Z'ai envie de vomir, et z'ai même pas encore commencé. Rien qu'à renifler, z'crois bien que ze vais tomber en syncope.

Macaron, lui, se lèche les babines et ne peut contenir son agacement.

– Ben dis donc, les sudistes, des vrais chochottes...

– Qu'est-ce qu'il a dit, le paquet de poils ? s'insurge Wilde.

– C'est bon Wilde, coupe court Michael. On arrête de commenter et on se lance.

Mac Abbey décapsule une bouteille d'au moins un litre, se lève et, faisant le tour de la table, remplit chaque verre d'un liquide brunâtre. Puis, immobile comme pour un garde-à-vous, il lève son verre.

– Brewdog Dogma, le must de la bière écossaise ! Et puis, grand diable, ne faites pas des yeux pareils ! Moi, c'est à onze ans que j'ai bu ma première bière d'Écosse. C'est le bon âge, qu'on m'a dit, pour commencer à devenir un homme.

Rose lui objecterait bien qu'elle n'a pas vraiment envie de devenir un écossais à moustache, mais, prudente, elle préfère se taire.

D'un regard, Mac Abbey toise ses hôtes et poursuit.

– Vous allez voir ce que vous allez voir : couleur sombre, presque noire, légers reflets rubis.

Si vous êtes attentifs, vous y trouverez des notes de café, de chocolat, d'épices, de malt et de caramel. Le nez, quant à lui, vous verrez, est plutôt herbacé.

Il approche la pinte de ses lèvres.

– Suffisamment parlé. À la vôtre !

Le maître des lieux lève le coude et fait disparaître sa moustache dans la mousse crémeuse.

– Et bonne sance, surtout... encourage Wilde

– Comment on fait ? glisse Rose en faisant la grimace. On ne va pas avaler ce truc infâme ?

– On trempe juste les lèvres, murmure Vel, et on fait semblant de boire. Ensuite, on vide nos verres dans les pots de fleurs ou dans la gamelle de Wilde et Macaron.

– Et puis surtout, ajoute Michael, on complimente Mac Abbey pour qu'il n'y voie que du feu. Moi, je vais lui sortir une de ces tirades dont j'ai le secret. Vous allez voir...

Les quatre se décident et lèvent le coude à leur tour.

– Oh, c'est fort ! s'exclame Rose.

– C'est hum... intéressant... dit Vel qui n'ose pas dire qu'il a l'impression d'avoir avalé une tasse d'eau de vaisselle.

Quant à Michael, il mime d'avaler une bonne gorgée, repose son verre sur la table et se tourne vers Mac Abbey.

– Presque noir comme le lac la nuit, reflets rubis comme les eaux quand la lune s'y reflète. Vous avez raison Mister Mac Abbey, c'est un pur joyau écossais que vous nous faites goûter.

Wilde, pendant que Rose étouffe un rot au creux de sa main, en a profité pour sauter sur la table et tremper le bout de son museau dans le verre de sa maîtresse.

– Ce truc atroce, un zoyau ? C'est la poésie qui te samboule la tête, Michael. Z'te zure, un demi-verre de cette purze, y'en a assez pour débousser les siottes.

– Je pourrais peut-être avoir de l'eau, s'il vous plaît, murmure Rose.

Mac Abbey la regarde, l'air surpris.

– De l'eau ? Mais c'est bon pour les plantes, rien d'autre. Et tu trouves que j'ai une tête de Marguerite ? Allez, fillette, bois ton verre, ça te fera grandir, nom d'un chevalier des Highlands !

Tous se jettent dans leurs assiettes sans perdre de temps, en se disant secrètement *plus vite commencé, plus vite fini.* Très vite, on entend plus que le cliquetis des couverts et la mastication des affamés. Sans se faire remarquer, chacun fait circuler son verre sous la table et, le plus discrètement possible, c'est Vel qui les vide dans les gamelles respectives de Wilde et du chien de la maison.

– Mister Mac Abbey ? demande Vel.

– Appelle-moi Mac, répond le vieux dans un sourire édenté.

– Je voulais savoir, il y a quoi dans le clapshot, au juste ?

– Rien d'extraordinaire, mon petit. Juste des gâteaux d'avoine avec du boudin de cœur et de foie de mouton. Des abats et des entrailles, si tu veux, rien de plus.

Michael arrête de mâcher dans la seconde, tandis que Rose, en douce, recrache ce qu'elle peut dans sa serviette.

– Z'me disais aussi, commente Wilde. Z'avais comme l'impression de bouffer du cadavre...

Michael avale comme il peut ce qu'il a dans la bouche et cherche un sujet de diversion.

– Vous qui êtes du coin, Mister Mac Abbey...

– Mac, j'ai dit !

– Heu, oui, Mister Mac. Vous qui connaissez bien la région, quel coin du Loch Ness vous nous conseilleriez pour demain ?

Mac Abbey réfléchit quelques secondes en se grattant le nez.

– Tout ce que je peux vous dire, c'est que le lac, il vous faudra plus d'une journée pour en faire le tour. Vingt-cinq miles[2] de long sur deux de large, il y a de quoi faire ! Surtout avec la neige qui menace de tomber cette nuit. Demain, ça risque d'être magnifique, mais je crains que vous ne puissiez pas faire plus d'un mile ou deux.

Soudain, son visage se fige, ses sourcils se froncent.

– Pour résumer, vous pouvez aller partout, les enfants, partout excepté Stone beach. C'est comme ça qu'on appelle cet endroit, parce que c'est une des rares plages de galets qu'on peut trouver autour du lac. Enfin, je dis plage, je devrais plutôt dire crique. En tout cas, c'est strictement interdit de foutre les pieds dans ce maudit coin...

– Pourquoi, maudit ? se hasarde Rose.

Dans les yeux du vieil homme, tous remarquent la tension qui s'est installée.

– Il y a deux semaines, on a retrouvé deux corps sur cette plage. Craig Campbell et Duncan, son fils de treize ans. Tout le monde les connaissait ici. Les Campbell, c'est une vieille famille du village. Je vous laisse imaginer le choc. Surtout que personne ne sait vraiment ce qui s'est passé.

2 Un « mile terrestre » équivaut à 1609,344 mètres. À ne pas confondre avec le « mile marin » ou « nautique » qui est une unité de mesure utilisée dans l'aviation et la marine et qui vaut 1852 mètres. On trouve également le « mille terrestre américain » qui a été aboli en 1959 mais qui reste très utilisé aux États-Unis. Il vaut très exactement 1852 mètres.

D'après Madame Campbell, c'était la première fois que Craig emmenait son fils à la pêche. Apparemment, ils avaient décidé de démarrer la journée très tôt. D'après l'autopsie, ils sont morts peu après six heures du matin.

Mac Abbey se tait quelques secondes, le temps de s'enfiler une bonne lampée de bière.

– Ils sont morts noyés ? hasarde Michael.

Le vieux châtelain essuie sa moustache d'un revers de manche.

– Difficile à dire. D'après les informations transmises par la presse, tous les deux avaient de l'eau plein les poumons. Mais ce qui pose question, c'est l'état de leurs corps. Complètement brisés. Les jambes, les bras, la colonne vertébrale. Comme s'ils avaient été battus à mort...

Aucun des enfants ne prend la parole. Vel est le plus attentif d'entre eux.

– Vu les morceaux de leur barque qui ont pu être récupérés, poursuit Mac Abbey, on suppose qu'ils ont été heurtés par un bateau à moteur. Mais pour l'instant, rien n'est certain et l'enquête se poursuit. C'est la raison pour laquelle l'accès à Stone beach est interdit. D'ailleurs, si vous passez à proximité, vous verrez, la police a ceinturé le lieu avec des bandes plastifiées.

Les trois adolescents n'ont aucun mal à imaginer les bandes *Crime scene, do not cross* tendues entre les arbres ou simplement accrochées à des barrières métalliques. Comme dans les films.

Mac Abbey termine son verre, cul-sec.

– Maintenant que je vous ai informés, je compte sur vous pour ne pas mettre les pieds là-bas.

Il se lève brusquement.

– Allez, aidez-moi à débarrasser la table, on va passer à la suite.

Une fois le dessert avalé, d'épaisses tartines badigeonnées de marmelade de miel et de gruyère – le petit groupe souhaite une bonne fin de soirée à leur hôte et disparaît dans l'escalier qui mène à l'étage.

– Viens deux minutes dans notre chambre, Rose, suggère Michael, on se fait un petit planning pour demain.

Vel, sans perdre de temps, s'assoit, jambes croisées, sur le tapis étalé entre les deux lits. Rose, elle, pose les fesses sur l'appui de fenêtre, dos à la vitre, tandis que Michael plonge sur son lit. Wilde, quant à lui, s'allonge sur la carpette, collé à son jeune maître. Tous se regardent sans prononcer un mot. Chacun semble attendre que naisse un sourire sur les lèvres des autres.

– Bon, z'suis crevé, moi. On va pas y passer la nuit. Surtout que le boudin d'entrailles du vieux snock, va falloir le dizérer.

– Et alors, s'esclaffe Michael, qu'est-ce qu'on peut faire pour toi, mon p'tit Wilde ?

Le chat se dresse sur ses quatre pattes et regarde ses compagnons un à un.

– Parce que vous croyez que z'ai pas deviné ce que vous zavez derrière la truffe, tous les trois ?

– ???

– À moi, on ne la fait pas ! Le seul truc qui vous intéresse, demain, c'est d'aller zieuter la plaze des deux cadavres. Faire un peu le tour du propriétaire et mener votre petite enquête. Ze m'trompe ou on parie un kilo de saumon fumé ?

Éclat de rire général et, dix minutes plus tard, chacun est dans ses draps et les lumières s'éteignent. Dans son lit, Michael songe au poème que pourrait lui inspirer cette petite crique. Quelques rimes tragiques au parfum de mort accidentelle. Rose, les yeux grands ouverts, fait l'inventaire de son attirail pour l'expédition du lendemain : papier, stylomine, fusains, crayons de couleurs. Rien ne doit être laissé au hasard pour capter les lueurs d'un matin d'hiver sur le Loch Ness. Vel, lui, ferme les yeux et, tout en cherchant le sommeil, il sourit déjà à ce qui l'attend le lendemain. Un lac célèbre, un monstre légendaire et, pour couronner le tout, une scène d'accident qui pourrait bien se muer en scène de crime...

Sam Mundi
Grade 10/Troisième
14 ans
Anglais

CHAPITRE 4

Une preuve à la dérive

Le lendemain, 9 heures

À peine les yeux ouverts, Rose rabat son épaisse couverture au pied du lit, et s'empresse de tirer le grand rideau qui permet de masquer l'unique fenêtre de sa chambre. Comme l'avait annoncé Mac Abbey la veille au soir, le parc est recouvert d'un épais nuage de neige. Comme une couverture tombée du ciel qui, en douce, profitant de la nuit, aurait couvert chaque once du jardin.

Au fond de la propriété, Rose distingue les pins sylvestres, les bouleaux qui s'élancent vers le ciel. Elle se rappelle avoir lu quelque part qu'on appelle l'Écosse, *Le pays des grands arbres.* Au pied des premiers troncs, à même le sol, elle croit deviner un petit relief. Un rectangle grisâtre, légèrement surélevé. Comme si, sous la fine couche de neige, se dissimulait une minuscule estrade.

Elle se dit que ce n'est pas important – les caprices de jardiniers sont parfois surprenants – et décide d'aller rejoindre les garçons. Suivie de Wilde, elle débarque dans la chambre de ses amis. Une imposante tenture servant de rideau maintient la pièce dans une semi-obscurité et, sous leur couette respective, Michael et Vel dorment encore comme des souches.

– Ze veux pas être désagréable, siffle Wilde, mais ça sent un peu le fauve en caze dans cette piaule.

– Tu as raison, mon chat. On va aérer tout ça.

Elle ouvre la fenêtre en grand.

– Allez, debout là-dedans !

Michael s'étire en baillant et s'approche de la fenêtre.

– Houaaaaa ! C'est magnifique ! Ces blancs, ces gris, tous ces arbres recouverts de neige. Il y a vraiment de quoi écrire de magnifiques poèmes.

Vel qui a rejoint son frère, remarque les traces des animaux laissées dans la neige. Renards, lapins, oiseaux de toutes sortes. Sans compter celles laissées par les grosses patounes de Macaron.

– Regardez ! s'exclame Vel qui, une fois n'est pas coutume, s'avère être le plus documenté des trois. Là, juste sous la fenêtre, je suis sûr que ce sont les traces d'un lagopède d'Écosse.

– Un la-go-pède ? articule Michael en détachant chaque syllabe. C'est quoi, une sorte de lièvre ou un truc de ce genre ?

Vel ne peut s'empêcher de rire.

– Et toi, tu serais pas une sorte d'ignorant ou un truc de ce genre ?

– Ben, vas-y. Raconte, s'offusque Michael. Et puis, chacun sa spécialité après tout. Alors, ce lagopède ? Lézard, rongeur ? Toi qui as l'air de tout savoir...

Vel ne peut s'empêcher de prendre un petit air savant.

– C'est ça. Un rongeur, si tu veux, mais à plumes.

Devant l'air ébahi de son frère, il continue.

– En fait, le lagopède, c'est un oiseau de la taille d'un poulet. On le reconnaît facilement à son bec très court et à ses pattes recouvertes de plumes pour se protéger du froid. Pour ce qui est de la couleur, ils ont un plumage dans les brun rougeâtre. Un peu comme les feuilles, l'automne. Sans doute pour se faire moins facilement repérer par les chasseurs.

– Et comment tu sais tout ça, toi ?

– Très simple Michael. Le trio des obligations : curiosité, recherche, mémoire. Pas plus compliqué.

Il se tourne vers le parc et ajoute en souriant du coin des lèvres.

– Quand tu veux savoir un truc, c'est pas compliqué, tu me demandes.

C'est le moment que choisit Rose pour les pousser de côté.

– Eh, les garçons, vous me fatiguez avec vos histoires de dictionnaire ! Et le ciel, vous l'avez vu, ce ciel ? Du bleu, des gris, des nuages comme des petites figurines. Je crois bien que je vais avoir de quoi dessiner pendant des heures.

Wilde, qui jusque-là écoutait sans rien dire, grimpe d'un bon sur le lit de Vel.

– Quand vous en aurez fini avec vos histoires d'oiseaux et de nuazes, faites-moi signe. Parce que moi, en attendant, z'ai les crocs, ze vous dis pas. Ze crois bien qu'après ma gamelle, ze serai capable de finir celle du gros Macaron.

Dans la cuisine, Mac Abbey leur a préparé un *full Scottish breakfast* constitué d'œufs, de bacon, de saucisses, de pain grillé et d'un thé noir comme les eaux du lac tout proche.

Alors que tous les trois ont le nez plongé dans leur assiette, Mac Abbey délivre ses consignes.

– Pour votre pique-nique, je vous ai préparé des sandwiches. Ils sont dans le frigo. Vous verrez, je vous ai mijoté un petit assortiment personnel.

– Du genre ? intervient Michael en fronçant déjà les sourcils.

Tout en se versant un grand bol de café, Mac Abbey donne des précisions.

– Je vous ai fait du local. Il y en a aux harengs, à la morue et d'autres aux sardines.

– Zénial ! commente Wilde. On va se faire une séance de vomi en plein air.

Heureusement, les mots qui suivent ramènent le sourire sur les mines des trois adolescents.

– Pour le dessert, il y a des pancakes au miel et le reste d'une tarte aux myrtilles. Ça vous va, comme ça ?

– Parfait, assène Vel en se levant de table. On se prépare, on met tout ça dans notre sac à dos et on file. Avec le temps qu'il fait, je crois que vous ne nous verrez pas avant ce soir.

Alors que les deux autres repoussent leur tabouret sous la table, le maître des lieux se lève brusquement.

– Avant de partir, petite remise en mémoire, les enfants : je vous en ai déjà parlé hier soir, mais une piqûre de rappel n'est jamais inutile. Quand vous arriverez à hauteur de Stone beach, surtout, vous passez votre chemin.

– No problem, répondent-ils en chœur. Promis-juré, Mister Mac Abbey. Vous pouvez compter sur nous.

Rose qui s'apprête à sortir la dernière, se retourne vers le vieux châtelain.

– On pourrait pas emmener Macaron avec nous ? Ça lui ferait prendre l'air, vous ne croyez pas ?

Mac Abbey finit son bol et s'essuie la moustache.

– C'est gentil, petite. Mais ce corniaud de chien, à la moindre odeur de gibier, que ce soit un lièvre ou un de ces fichus lagopèdes, il disparaît dans la nature et là, pour le retrouver, vous y mettrez la journée. Et encore ! Alors, mieux vaut qu'il reste ici. Et puis, pour se dérouiller les pattes, il a tout le parc à sa disposition. En tout cas, merci. C'est gentil de penser à lui...

Traverser la petite ville de Cawdor, laisser les dernières maisons derrière eux et prendre la direction du lac. Devant, une ligne droite de goudron et ses flaques de givre fondu. Après vingt minutes de marche en file indienne sur le bitume détrempé, ils bifurquent sur un sentier qui descend en pente douce vers les eaux grises du lac. Autour d'eux, les fougères et les buissons ploient sous la neige tombée durant la nuit.

Wilde, peu disposé à jouer les randonneurs de choc, s'est installé sur le sac à dos de Michael. Son petit menton blanc posé sur l'épaule de son maître, il surveille l'approche du Loch Ness.

– Tu y crois, toi, Michael, à l'ezzistence du monstre ?

Michael, ne lâche pas du regard le chemin qui descend vers la rive.

– Perso, pas trop. Mais, bon, si tu écoutes Vel, on peut peut-être se poser des questions. En plus, si...

Soudain, derrière une rangée d'arbustes, apparaît une bande de terre ceinturée de plastique fluo jaune et noir.

– Je crois qu'on y est, s'exclame Vel tout excité.

– Stone beach, murmure Rose en découvrant l'endroit.

Ils achèvent de descendre la pente et s'approchent de la crique. Dans la terre argileuse, la police a planté des piquets métalliques à intervalles réguliers. Entre chaque poteau, une bande plastique a été tendue, délimitant la zone interdite. Sur la pellicule, en lettres noires sur fond jaune, on peut lire la célèbre formule : *Crime Scene Do not cross.*

Au-delà du ruban délimitant la zone s'étend une plage de galets, en partie recouverte de neige. Vingt mètres plus loin, l'eau sombre du Loch Ness vient lécher les dernières pierres. Chacun, en silence pense aux mots que Mac Abbey a prononcés la veille au soir. Corps brisés, comme battus à mort. À peine reconnaissables. Multiples fractures aux bras comme aux jambes, de l'eau et de la vase plein les poumons, peut-être un bateau à moteur...

– Bon, qu'est-ce qu'on fait ? s'impatiente Vel.

Michael pose son sac à dos dans la neige.

– Je sais qu'on a promis, commence-t-il, mais ça me démange sacrément d'aller voir ça de plus près.

Rose ouvre grand les yeux.

– Tu n'es pas sérieux, Michael ?

– Pourquoi ? C'est quoi le problème ?

En quelques pas, elle lui fait face et trempe son regard dans le sien.

– Le problème, Michael, c'est qu'on a donné notre parole. Il y a moins de deux heures, on a promis-juré et tout et tout. Alors, quand même !

– Attends, Rose, tente de calmer le jeune garçon, c'est quand même pas une affaire d'État. Au cas où tu l'aurais oublié, il y a deux personnes qui sont mortes, là, sur cette plage. Assassinées, accidentées ou autre chose, personne n'en sait rien. Ça fait trois semaines que la police enquête, et il n'y a toujours pas d'explication sérieuse. Alors, si on jette un coup d'œil, c'est quand même pas un drame. Imagine si, nous, on découvre quelque chose. Un petit truc, je ne sais pas, moi, un détail qui aurait échappé aux enquêteurs.

– Bien sûr, si je t'écoute, on est plus malins que les autres. Mais il n'est pas là le problème. Ce qui me fait râler, c'est qu'on a juré à Mac Abbey qu'on ne mettrait pas les pieds sur cette plage. Et la première chose qu'on fait, c'est de débarquer ici et de piétiner la zone interdite. Franchement, je...

Vel, sans franchir la limite, longe le ruban plastique jusqu'à parvenir au bord de l'eau. Il se retourne et hausse les épaules.

– Bon, quand vous serez d'accord, les deux, vous me faites signe. En attendant, je vais me faire quelques ricochets.

Il se baisse, du revers de la main, fait partir en poussières la fine couche de neige et sélectionne un caillou qui lui semble approprié. Il plie le bras vers l'arrière, fléchit légèrement les jambes, retient son souffle et, en une fraction de seconde, laisse son avant-bras se détendre, son poignet pivoter d'un coup sec.

Le galet, comme s'il disposait de petits ressorts invisibles, rebondit à la surface plus de six fois avant de disparaître, englouti.

– Et de sept ! hurle Vel.

Il se penche à nouveau, sélectionne une pierre plate. D'un geste sûr, il projette le caillou qui rebondit comme si le lac était composé d'acier. Au dernier rebond, surpris, le jeune garçon fronce les sourcils. Rose et Michael se sont tus à leur tour, et se tournent vers la surface, étonnés eux aussi, du son creux qu'ils viennent d'entendre. Comme si le galet avait heurté autre chose que la surface plane du lac.

– Qu'est-ce que c'est ? s'étonne Rose.

– Je sais pas, répond Vel.

Sans attendre plus longtemps, il prend une autre pierre et vise l'endroit où le galet précédent a sombré.

C'est la respiration bloquée que tous trois suivent la trajectoire et la chute. Et le bruit caractéristique du caillou dans l'eau.

– C'était rien, conclut Michael.

Vel ne veut pas en rester là et jette une pierre de plus. Au contact de l'eau, la caillasse heurte un obstacle avant de disparaître pour de bon.

– Et ça, c'est quoi ? sourit Vel.

Michael s'approche de la berge. Il tente de repérer l'endroit où le projectile a disparu, essaie d'évaluer la distance. Se dit aussi qu'il y a là une belle occasion de passer pour un héros, en chair et en os. Il se tourne vers Rose qui a rejoint les deux garçons.

– Désolé, Rose, mais là, cas de force majeure. Je suis bien obligé d'y mettre les pieds, dans cette zone.

Sur ces mots, il entreprend de délacer ses chaussures de rando.

– Qu'est-ce que tu fais ?

Maintenant, il retire ses chaussettes.

– Je ne vais quand même pas aller dans l'eau tout habillé, ma grande.

Il déboucle sa ceinture, fait glisser le jean le long de ses jambes.

– T'es sûr, Michael ? s'étonne Vel.

– T'inquiète, frérot. Il n'y a pas vingt-cinq mètres à faire depuis la rive. Et puis, ça ne doit pas être très profond à cette distance. Je vais voir ce que c'est que ce truc et je reviens.

Joignant le geste à la parole, il passe sous la bande plastique, traverse l'espace interdit jusqu'à se retrouver face à l'endroit où le dernier caillou a semblé heurter un obstacle, à fleur d'eau.

– Tu vas attraper la crève ! crie Rose.

Le jeune garçon avance dans l'eau en serrant les dents.

– T'inquiète.

D'un geste, il indique les muscles supposés de ses bras.

– Il y a de l'Indiana Jones, là-dedans !

L'eau, maintenant, lui atteint les genoux. Une eau glacée qui lui enserre les jambes comme des tenailles. Michael progresse en levant les bras. Très vite, l'eau lui parvient à hauteur des cuisses. Dans sa prudente progression, il se dit que la sensation de froid, étrangement, ressemble à celle provoquée par une brûlure. Une douleur qui lui enserre le ventre, lui bloque presque la respiration. À moins d'un mètre, juste sous le niveau de l'eau, une tache sombre. Quelques pas et il tend le bras vers la masse mystérieuse qu'il devine à peine, toute en longueur.

– Il y a quelque chose de bizarre, là. Juste sous l'eau.

Sur la plage, Wilde ne perd pas son maître de vue. Le chat lève une patte rousse et blanche et la porte devant ses petits yeux inquiets.

– Non, ze veux pas voir ça. Z'ai trop les socottes. Si zamais c'était le monstre...

Michael plonge la main. Entre ses doigts, le contact caractéristique du bois détrempé.

– C'est bon. Je l'ai.

De l'eau, il extirpe un bout de planche.

Demi-tour et, en moins d'une minute, il regagne la rive et rejoint les autres. Tandis qu'il se frictionne les jambes, Vel examine leur prise de guerre. Un bout de bois d'environ cinquante centimètres. Peint en vert foncé, comme l'était, d'après les dires de Mac Abbey, la barque des Duncan. Il tend la trouvaille à son frère qui finit de se rhabiller.

– Je crois qu'on a du lourd.

– Comment ça ? s'étonnent Michael et Rose d'une même voix.

Sous les doigts de Vel, une encoche dans le bois. Nette et profonde, comme née d'une morsure géante. Sur l'autre face, incrustés à même les fibres, le jaune et le vert d'un large fragment d'écaille...

Anatole Gonthier
Grade 10/Troisième
15 ans
Français

CHAPITRE 5 :

Des indices et une visite surprise

Usés par cette journée de marche entre talus en congères, verglas et chemins enneigés, c'est avec plaisir qu'ils retrouvent la silhouette du château. Dans la pénombre de cette fin d'après-midi, Mac Abbey semble revenir du fond du parc, accompagné de Macaron trottinant à ses côtés.

Drôle de spectacle que ce vieux bonhomme, marchant dans la neige, un balai dans une main, un seau rempli de produits ménagers dans l'autre. Apparemment, il n'a pas vu les jeunes arriver et continue de marmonner dans ses moustaches en approchant de la bâtisse. Mac Abbey et son crâne lisse comme une demi-lune, son kilt lui battant les genoux, son éternelle gourde autour du cou et son manteau râpé jeté sur les épaules. De sa bouche embuée sortent des mots en désordre, une suite de sons impossibles à déchiffrer.

– Qu'est-ce qu'il peut bien fabriquer, à cette heure-ci, avec tout cet attirail ? s'interroge Vel à voix haute.

– Hier, quand on est arrivés, ajoute Michael, je crois bien qu'il trimballait déjà tout ce fourbi.

Rose, elle, est attendrie par le vieux bonhomme.

– En tout cas, moi, je le trouve super gentil. Je dirais même qu'il me fait presque pitié, tout seul à s'occuper du château. Vous ne vous rendez pas compte...

– Zentil, peut-être bien, commente Wilde en guise de conclusion, mais moi, ce que z'aimerais bien savoir, c'est ce qu'il trimballe dans cette satanée gourde. Surtout que Macaron, vous avez vu, il a la même autour du cou. C'est étranze, non ?

Mac Abbey lève les yeux et aperçoit le petit groupe qui paraît l'attendre en bas du perron qui mène à la porte d'entrée.

Il s'avance en souriant, impatient déjà qu'ils lui racontent leur balade de la journée.

Tandis que Rose s'enferme dans l'unique salle de bains de l'étage, Michael, se déshabille en vitesse et se glisse sous la couette. Pendant ce temps, Vel vide le sac à dos des restes de papier-alu ayant servi à emballer les sandwiches, puis il sort le bout de planche repêché par son frère. Il le pose avec soin sur son lit et l'examine à l'aide de la petite loupe qu'il ne manque jamais d'emmener avec lui lors de ses vacances.

– Alors, Sherlock Holmes, raille Michael, on peut connaître tes premières déductions ?

Vel, tout en poursuivant son examen, livre ses premiers commentaires.

– Vu l'état du bois, je peux presque affirmer qu'il a passé plus de deux semaines, immergé dans le lac, peut-être trois. Mais pas plus, sinon la peinture serait plus sérieusement attaquée par la flotte. Ce qui nous ramène approximativement à la date du fameux « accident », et je mets le mot entre guillemets. Deuxièmement, l'encoche profonde, là, au milieu de la planche, côté peinture. On ne trouve ni trace de rouille ou d'autre chose qui nous permettrait de conclure à une origine métallique. Vu la forme de l'entaille, je pencherais pour une morsure. Reste à déterminer le genre de bestiole qui possède une dentition, au moins comparable à celle d'un ours polaire.

En écoutant son jeune frère, Michael se dit que le qualificatif de Sherlock Holmes est plutôt bien choisi. Sur ce, la porte s'ouvre sur Rose, emmaillotée dans sa serviette de douche. Michael, d'un geste discret, lui intime le silence et lui indique le bout de son lit.

– Enfin, poursuit Vel tandis que Rose s'assoit sur les pieds de Michael, qui retourne le morceau de planche, on tombe sur cette écaille incrustée. Dix-sept centimètres de long pour cinq de large ! Va nous falloir rechercher dans les bouquins de zoologie pour identifier à quel poisson, lézard géant ou je ne sais quel autre animal, ça peut appartenir.

Il lève les yeux vers les deux autres qui l'écoutent, attentifs. Presque étonnés.

– Tu sais que tu ferais un super détective, Vel ? complimente Rose.

Le jeune garçon fait mine de ne pas avoir entendu et poursuit son exposé.

– Ce qui est certain, c'est que la dimension de l'écaille nous renseigne sur la taille de l'animal qui l'a perdue.

– Et alors ? intervient Michael, c'est quoi ton hypothèse ?

– Minimum cinq mètres de long, peut-être six, avec une carapace faite d'écailles épaisses comme du cuir. À part un crocodile géant, je ne vois pas ce que ça peut être.

– Tu es sûr que ça vit en Écosse, ce genre de bestiaux ? s'étonne Michael.

– Bien sûr que non, répond Vel dans un petit sourire. On en trouve dans les eaux chaudes des Philippines ou du Sri Lanka. C'est à peu près tout.

– Et alors, ce serait quoi, ici, dans les eaux froides du lac ? s'interroge Rose.

Vel garde un moment le silence. Comme s'il pesait les mots qui allaient suivre.

– Sérieusement, je ne sais pas exactement ce que c'est, mais je pense qu'on ne peut pas écarter l'hypothèse « monstre du Loch Ness ».

– Tu ne crois pas que tu vas un peu vite ? s'étonne Rose.

Pas le temps pour Vel d'argumenter car Michael livre sa pensée sans attendre.

– C'est vrai que tes conclusions sont un peu rapides, frérot, mais tu as raison, la présence du monstre est une possibilité qu'il nous faut envisager sérieusement.

Dehors, le soir est tombé, avec son air glacial. De l'unique fenêtre, on peut voir la lune se balader entre deux nuages. Wilde, allongé entre Michael et Rose, n'a pas perdu un mot de la conversation.

– Six mètres de long, des dents d'ours polaire et une massoire suffisamment balèze pour fracasser un bateau. Ze vous préviens, si vous retournez au bord de ce maudit lac, ce sera sans moi. Ze suis pas mazo. Z'ai pas envie de finir ma carrière en casse-dalle pour crocodile zéant.

Pas le temps pour les trois ados d'éclater de rire car, du rez-de-chaussée, retentit la voix de Mac Abbey.

– À taaaaable !!!

– J'arrive, glisse Rose pendant que les garçons descendent les escaliers. Je m'habille et je vous rejoins.

– Dépêche-toi, lui crie Michael. Si c'est comme hier soir, vaut mieux pas manquer le début du spectacle !

Vel, le nez rivé sur sa tablette numérique, cherche déjà toutes les informations possibles concernant les bêtes géantes pourvues d'écailles et d'une mâchoire garnie de dents robustes.

– Une sorte de poisson carnassier, marmonne-t-il avant de louper une marche et de se rattraper à l'épaule de son frère.

– S'il te plaît, Vel, râle Michael, lâche ton ordi une seconde et redescends sur terre.

Pas le temps de répondre. Le maître des lieux, en kilt et toque de cuistot vissée sur le crâne, les attend en bas des marches.

– Allez, les enfants. On se dépêche, sinon vous allez manger froid.

Il jette un œil derrière les garçons.

– Et la petite, elle nous fait une grève de la faim ou quoi ?

Le bruit de Rose dévalant les escaliers, son sourire et ses salutations coupent court aux interrogations du cuisinier-maison.

Dans l'immense salle-à-manger, Michael prend place à un bout de la table, Vel, à l'autre extrémité, tandis que Rose, à mi-chemin des deux garçons, s'installe face à l'assiette de Mac Abbey. Le maître de maison, la moustache en sourire, surgit des cuisines, chargé d'un large plat en inox. Avec précaution, il fait le tour de la table et sert chacun de ses invités.

– Je vous ai préparé un Haggis, les enfants. Vous allez m'en dire des nouvelles.

– Et c'est quoi, au juste ? hasarde Rose en grimaçant à la vue de ce qui garnit son assiette.

– Surprise du chef, répond l'Écossais en souriant d'un air malicieux.

Rose vient de vider discrètement la moitié de son assiette dans la gamelle de Wilde, et ce dernier renifle la nourriture d'un air suspect.

– Ça sent bizarre, ce truc, ze trouve.

Macaron, déjà plongé dans son écuelle en inox, se lèche les babines et, du ton de celui qui s'y connaît, s'adresse directement au félin.

– Tu peux y aller, minou. C'est pas de la ration de chochotte. Le genre de cuisine qui te transforme en force de la nature, si tu vois ce que je veux dire.

– Eh, z'suis pas le Sylvester Stallone des Highlands, mon gars. Moi, ze fais plutôt dans le zenre finesse du sud. Plateau de fruits de mer et crumble aux myrtilles, si tu vois...

Mac Abbey dépose le plat de *Haggis* sur la table en chêne.

– Et voilà, les enfants, bon appétit !

De chaque assiette s'échappent les vapeurs de cuisson. L'odeur, aussi, un peu inquiétante. Michael ne peut retenir la question qui lui brûle les lèvres.

– Et qu'est-ce que vous mettez, alors, dans ce fameux *Haggis* ?

D'un revers de main, Mac Abbey s'essuie la moustache et délivre ses secrets de cuisinier.

– En fait, c'est un pudding de mouton. Si vous êtes attentifs, vous y reconnaîtrez des morceaux de foie, de cœur et de poumons. Le tout est haché avec de l'oignon, de l'avoine, diverses épices, du sel, et le tout est mélangé aux sucs digestifs traditionnellement enfermés dans l'estomac du mouton.

– Zénial, persifle Wilde, du prêt-à-vomir, maintenant.

Les trois ados, sans dire un mot, commencent à manger. Vingt minutes s'écoulent, le temps à toute l'équipe de terminer laborieusement leur assiette. Alors que Mac Abbey s'apprête à servir un verre de plus aux garçons, on entend des crissements de pneus dans la cour principale.

Mac Abbey, bouteille à la main, suspend son geste.

– Qui ça peut bien être, à cette heure-ci ?

Une portière claque, des pas sur le gravier couvert de neige fondue, puis trois coups secs contre la porte d'entrée. Mac Abbey disparaît dans le vestibule. On l'entend ouvrir la porte. Aux voix qui retentissent, on devine qu'il a fait entrer une femme. Des pas dans le couloir, puis, escortée du maître des lieux, une jeune policière fait son apparition.

Aux premiers mots qu'elle prononce, au ton sec de sa voix, les trois ados comprennent qu'ils ont affaire à une personne déterminée. Le genre d'enquêtrice au caractère bien trempé qu'il ne faudrait surtout pas prendre pour une imbécile.

– J'étais certaine de vous trouver là, commente-t-elle.

Elle s'avance vers eux.

– Vous allez me dire, c'est pas bien compliqué, vu que tout le village sait que le château a de jeunes visiteurs pour la semaine.

Du bout de l'index, elle se tapote le crâne.

– Mais vous savez, moi, quand j'ai une idée qui s'installe là-haut, je ne suis pas prête de la lâcher.

Du regard, elle fait le tour de la table, remarque Wilde, blotti sur les genoux de Rose.

– Ah, il est là aussi, celui-là. Je m'en serais doutée.

Soudain, sur ses lèvres, un sourire inattendu.

– Bon sang ! Je manque à tous mes devoirs. Je me présente : je suis le lieutenant de police Gwen Fiddich.

Michael la coupe.

– Vous êtes de la famille du célèbre whisky ?

Au visage brusquement fermé de la policière, Wilde se dit que Michael aurait mieux fait de se taire.

– Oh, celle-là, tu sais, on me la sort depuis que je vais à l'école. Alors, si tu veux faire le malin, mon grand, il va falloir trouver autre chose.

Elle tire une chaise et s'affale sur le siège de velours.

– Et on peut savoir ce qui vous amène, lieutenant ? s'enquiert Mac Abbey.

– Stone beach, Mister Abbey. Ou plutôt la violation, ce matin, de la zone interdite.

Tandis que la policière pointe les ados du doigt, le vieil écossais se raidit d'un coup et fusille ses hôtes du regard.

– Ne me dites pas que vous n'y êtes pas allés ! On a relevé des empreintes de bottines pointure ado et des traces de pattes de chat sur tout le périmètre concerné.

– Et la liberté de déplacement du félin britannique, rugit Wilde, elle en fait quoi, Miss Pure Malt ?

La lieutenant de police semble étonnée par la réaction de Wilde.

– Il n'a pas l'air content, votre minou. C'est fou, on dirait qu'il comprend ce que je dis.

– Ne vous inquiétez pas, réagit Michael. C'est le changement de climat. Il n'a pas l'habitude et ça le rend un peu ronchon.

Discrètement, Vel pose une main sur le museau de son chat, manière de l'inciter à se taire.

– Alors, je vous écoute, invite la policière.

Michael, en quelques phrases, raconte le début de la promenade matinale. Cette curiosité qui les pousse jusqu'à la petite crique ceinturée de bandes plastiques. Il ajoute avoir pris soin de ne pas piétiner la zone d'investigation. Quelques pas, prudents, le temps de prendre deux ou trois photographies. Rien de plus.

La policière se lève et reboutonne sa doudoune.

– En tout cas, c'est la dernière fois que vous vous approchez de la scène de crime. Et si j'apprends que vous y êtes retournés, vous aurez à nouveau affaire à moi, et je peux vous assurer que là, ça ne sera pas la même musique. Sans compter que je serais dans l'obligation d'en référer à vos parents. C'est compris ? Je peux compter sur vous ?

Trois petites voix pour trois timides approbations.

– Mais dites-moi, ajoute le lieutenant en fronçant les sourcils, ils sont où exactement vos parents ?

– Ne vous inquiétez pas, chère Gwen, explique Mac Abbey. C'est Augusta, la tante des garçons, qui me les a envoyés pour les vacances de Noël avec leur amie Rose et leur adorable minou. Rien d'inquiétant, voyez-vous.

Alors qu'elle s'apprête à sortir de la pièce, le lieutenant Glen Fiddich se retourne et pointe Michael de l'index.

– Toi, il faudra un jour que tu me racontes ce que tu es allé fiche dans l'eau par une température pareille !

– Comment vous savez ça ? ne peut retenir Michael.

– Pas compliqué. T'es le plus grand des trois et les traces de pieds nus dans la neige, indiquent un bon 41. Sans compter que l'argile, même imbibée d'eau, peut conserver une empreinte à peu près intacte pendant un bon moment. Je me trompe ?

Michael, un peu théâtral, regarde le fond de son assiette.

– J'avoue. J'adore les paris idiots...

Quelques instants plus tard, le moteur du break Ford retentit dans la cour. Les phares balaient la façade, éclairent un instant les fenêtres du rez-de-chaussée avant que le bruit du véhicule ne s'estompe dans la nuit.

La porte d'entrée claque bruyamment puis résonnent les pas de Mac Abbey dans le couloir.

– Je crois qu'il n'est pas très content, le vieux, fait remarquer Michael.

Rose hausse les épaules.

– Je vous avais prévenus de ne pas y aller. On avait donné notre parole, quand même !

Vel, lui, semble ailleurs.

Alors que les pas de Mac Abbey se rapprochent de la porte, Michael tape sur l'épaule de son frère.

– Eh, t'es où, frérot ?

Vel les regarde, l'air malicieux.

– Je ne sais pas si vous avez remarqué, mais la policière, quand elle a évoqué Stone beach, elle n'a pas parlé d'accident, mais elle a dit scène de crime. Comme si, pour elle, la mort des Duncan n'était pas aussi accidentelle que ce qu'on en dit. Étrange, non ?

Wilde, qui jusque-là, était plutôt resté à l'écart, saute sur une chaise et fixe ses trois amis d'un air entendu.

– Ce qui est sûr, c'est que le vieux à moustasse, il est furieux. Z'avez vu son air ronsson ? Va falloir trouver une astuce pour le calmer, sinon, bonzour la veillée.

Paul Bekaert
Grade 10/Troisième
14 ans
Français

CHAPITRE 6

Quand le passé refait surface

Ambiance tendue dans le salon.

Au froncement des sourcils, à cette façon de faire les cent pas devant l'immense cheminée, à sa manière de se gratter le crâne comme s'il avait chopé des poux, au silence, aussi, dans lequel Mac Abbey s'est enfermé depuis qu'il a raccompagné le lieutenant Gwen Fidish, tout indique une colère qu'il peine à contenir.

Les trois adolescents, invités à le rejoindre dans le grand salon, sont debout, immobiles, près de l'âtre qui crépite, à attendre une réaction. Vel jette un regard indécis à Rose qui, elle, se tourne légèrement vers Michael en l'interrogeant du regard. Wilde, quant à lui, craignant plus que tout l'éclat de l'orage, se glisse sous un fauteuil en attendant la suite. Finalement, l'aîné des trois se décide à rompre la glace.

– Je suis désolé, Mister Abbey, commence Michael.

Le vieil homme l'écoute sans même daigner le regarder.

– C'est pas qu'on voulait désobéir, poursuit Michael, mais après ce que vous nous avez raconté sur la mort de ce pauvre pêcheur et de son fils, il faut nous comprendre.

Mac Abbey se retourne brusquement.

– Comprendre quoi ? Que vous êtes incapables de respecter une consigne ? Incapables, à votre âge, de résister à la première tentation ?

– C'est que...

– Je n'ai pas fini, Michael ! Et je te prie de ne pas m'interrompre.

Suivent les mots de la colère, les reproches, et même une pointe de déception.

– Moi qui croyais pouvoir vous faire confiance...

Vel s'avance à son tour.

– Vous avez raison, Mister Abbey. Nous avons agi comme des sots. Mais cela va nous servir de leçon. Pas vrai, Rose ?

La jeune ado, à son tour, fait un pas en avant.

– Ah ça, pour une leçon !

Michael s'avance encore un peu et tend le bras en avant.

– Promis, juré. On ne recommencera plus, vous pouvez compter sur nous. Désormais, nous serons irréprochables. Vous avez ma parole ! Je veux dire, notre parole.

Aux deux autres de lever la main et de jurer à leur tour.

– Si ça continue, ils vont crasser sur le carrelaze, songe Wilde en ricanant dans sa barbiche rousse.

Le vieil homme, moins sévère qu'il ne veut en avoir l'air, laisse son regard s'adoucir un peu.

– Bon, bon. Ça ira comme ça, marmonne-t-il en se laissant tomber dans un fauteuil en cuir visiblement aussi ancien que lui. On est quand même pas au tribunal. Et puis, j'ai dit ce que j'avais à vous dire. À vous de jouer, maintenant.

Sur la table, une bouteille de whisky entourée de quatre verres.

Mac Abbey se saisit de la bouteille et commence à remplir les godets.

– Je sais, vous devez me prendre pour un vieux fou de vous faire goûter ça avant vos quinze ans. Mais c'est comme pour la bière, si on veut être connaisseur un jour, c'est au sortir de l'enfance qu'il faut y tremper le nez pour la première fois. Et puis, chez nous, le scotch whisky c'est du sacré. Un rite, une religion, un culte, l'objet d'une indiscutable vénération. En tout cas, en Écosse, ça fait partie du paysage. Comme les châteaux, les fantômes, le monstre du Loch Ness et le reste.

Délicatement, il rebouche la bouteille.

– Single malt Glenfiddich, 18 ans d'âge. Vu votre âge, je ne vous en ai servi qu'un fond, mais vous allez voir ce que vous allez voir. Un véritable voyage.

Religieusement, il porte le verre aux lèvres et murmure dans un sourire énigmatique.

– Après quelques verres, maintenant que je peux à nouveau vous faire confiance, viendra le temps des confidences. Mais chaque chose en son temps...

– Comme si on allait boire, songe Rose en observant le vieil homme en proie à ses lubies.

Michael est impressionné par le gigantisme de chaque objet composant le salon. Un salon qui possède la taille d'une salle d'attente de gare de campagne, une cheminée hors norme où l'on pourrait faire rôtir deux cochons mis bout à bout. Sans oublier chaque fauteuil de cuir râpé au creux desquels on pourrait quasiment s'allonger.

Aux murs sont exposées des peintures du lac du Loch Ness et des scènes de chasse. Entre chacune des toiles, des trophées : renards, sangliers, loups et autres bêtes sauvages, pointent leurs petits yeux noirs, rendus brillants par le crépitement des flammes. Aux quatre coins de la salle, des armures semblent monter la garde.

Sur la table, une bouteille de whisky écossais ouverte. À y regarder de près, elle est plus qu'à moitié vide. Assis en demi-cercle autour du foyer, Rose, Michael, Vel et Mac Abbey trinquent chacun leur tour.

– J'en ai pas bu beaucoup, assure Vel, à peine le quart du huitième d'une gorgée, mais rien que d'avoir respiré mon verre, je crois que je vais bien dormir.

Rose, à chaque service, verse la totalité de sa petite dose dans la gamelle de Wilde.

– Moi, ze sais pas si ze vais bien dormir, mais ze plane dézà à quinze miles. Même que z'viens de voir des petites souris danser au plafond.

Il bâille en étirant ses pattes, et conclut.

– Ce qui est bien dans ce pays, c'est qu'on te fait manzer des trucs à vomir debout, mais après, pour rattraper le coup, on t'offre deux heures de dizestif. Hic !

Michael vide son troisième godet sur la plante en pot la plus proche et ferme les yeux, doucement envahi par la fatigue. Soudain, le vieil homme se lève, un peu vacillant. Du bout des doigts, il lisse sa moustache et s'adresse à ses invités d'un ton qui se veut solennel.

– Je me doute bien que, depuis hier, vous vous demandez ce que je fabrique dans le parc avec un seau, une pelle et une serpillière. Pas vrai ?

Les autres approuvent d'un mouvement de tête.

– Alors, poursuit Mac Abbey, il faut que je vous raconte toute l'histoire.

En quelques phrases, le vieux Mac Abbey remonte le fil de sa mémoire.

– Ma mère est morte il y a vingt-cinq ans. Ça fera même vingt-six en juillet prochain. L'été, elle avait l'habitude d'aller nager au lac. Une bonne heure de brasse quotidienne, tôt le matin. Elle avait coutume de rentrer vers dix heures, mais ce jour-là, je ne l'ai pas vue revenir. Ce sont des promeneurs qui ont retrouvé son corps salement amoché sur la plage. Comme si elle avait été passée à tabac.

Devant l'air effaré de ses interlocuteurs, il précise.

– L'enquête n'a rien donné de vraiment concret. Finalement, ils ont conclu qu'elle avait été heurtée par un bateau. À l'époque, il y avait déjà des hors-bords pour le ski nautique.

Il s'arrête un instant, le temps de vider son verre avant de reprendre.

– Maman était tout pour moi. Tout. Après la mort de mon père, elle m'a élevé toute seule, m'a éduqué, m'a tout appris. Tout ce que je sais, je le lui dois. Aussi, je ne me voyais pas l'enterrer dans le caveau de famille qui est à Londres, à une journée de voyage d'ici. Finalement, après avoir beaucoup insisté, j'ai réussi à convaincre les autorités de me laisser la mettre en terre dans le jardin du château dont j'avais désormais la garde. Alors, depuis, chaque soir, avant la tombée du jour, je vais laver sa tombe. C'est mon hommage quotidien, si vous voulez. Elle est couchée au fond du parc, entre les arbres. Il faudra que je vous montre. C'est un bel endroit...

– Je suis désolée, Mister Mac Abbey, sanglote Rose. On savait pas...

– Tu sais, on finit par se faire à tout. Même aux grandes solitudes...

Le vieil homme se cale au fond de son fauteuil et se sert un dernier verre.

– Celui-là, c'est pour la route. Jusqu'à ma chambre.

Il vide son verre d'un trait et, au lieu de se lever et d'inviter la petite troupe à aller se coucher, il se penche vers eux et poursuit.

– Et l'histoire ne s'est pas arrêtée à ce tragique accident. Figurez-vous qu'à l'heure de l'enterrement de ma pauvre mère, sa chambre a été fouillée de fond en comble par des cambrioleurs.

– C'est pas possible ! s'exclame Rose.

– Faut vraiment être un salaud pour faire une chose pareille ! renchérit Michael.

Vel, lui, ne dit rien. Enfoncé dans son fauteuil, ses petits yeux verts plissés, il suit la conversation en silence.

– Les voleurs, précise Mac Abbey, ont mis la chambre sens dessus dessous, mais ils n'ont rien pris. J'ai vérifié, rien ne manquait. J'ai choisi de ne rien ranger. J'ai laissé la chambre telle qu'elle était. Ça peut paraître étrange, je sais, mais c'est comme ça. De temps en temps, j'y jette un œil. Deux ou trois fois par an. Rien n'a bougé, tout est exactement à la même place, à part la poussière qui recouvre tout, désormais.

Dans la tête des ados, les images sombres d'un tombeau, d'une sépulture à quelques mètres d'eux.

– C'est la seconde porte, à gauche, à l'étage, précise Mac Abbey. Face à ta chambre, Rose. L'unique pièce à être verrouillée à double-tour.

D'un geste, il indique l'anneau de fer accroché à un des passants de son pantalon.

– Et la clé ne me quitte jamais !

Il se tait un instant, semble hésiter à se servir un verre de plus puis, finalement, renonce.

– En revanche, les enfants, l'accès à cette chambre est strictement interdit. Du château, vous pouvez tout visiter. Tout, des caves jusqu'au grenier. Mais la chambre de maman, pas touche. Zone interdite, si vous voyez ce que je veux dire. Et même si l'envie vous taraude, même si la curiosité vous chatouille, mettez votre mouchoir par-dessus et passez votre chemin. Si vous ne le faites pas pour moi, faites-le pour elle.

Dans son regard, un mélange de fermeté et de mélancolie.

– Ce n'est pas un conseil que je vous donne, mais un ordre. Parce que là, autant vous prévenir, si vous désobéissez, je ne vous le pardonnerai pas.

Les trois se lèvent en même temps. Les trois tendent le bras, donnent leur parole, croix de bois, croix de fer, s'ils mentent, ils brûleront en enfer... Sur le point de regagner leurs chambres respectives, ils donnent congé, souhaitent au vieil homme une bonne nuit. Rose s'attarde une seconde et dépose une bise furtive sur les joues mal rasées.

Au moment de quitter la pièce, Vel se retourne vers Mac Abbey, resté pensif près de la cheminée.

– Dites-moi, Mister Mac Abbey, l'endroit où on a retrouvé le corps de votre mère, ce ne serait pas cette petite crique ?

– Si, mon garçon. Stone beach, une fois de plus. À près de vingt-six ans d'intervalle. Comme si l'endroit était maudit.

Aude Gaymard
Grade 11/Seconde
17 ans
Française

CHAPITRE 7

Une promenade surprenante

Près de vingt-six ans plus tôt.

Comme chaque matin, elle faisait sa promenade autour du lac légendaire. Margaret Abbey, plus communément appelée Maggie, aimait son grand fils, Mac, de tout son cœur, au point de ne pas le lâcher de la journée. De surtout le couver comme une poule qui maintiendrait son oisillon au nid pour l'éternité. Mais pour apprécier cette balade autour du lac dans toute sa dimension, il lui fallait être seule. Libérée de toute contrainte.

Ce matin de juillet, le Loch Ness était recouvert de brume. Une vapeur ouateuse qui offrait au plan d'eau un aspect irréel, fantomatique que Mrs Abbey n'aurait raté pour rien au monde. Du haut de ses soixante-douze ans, Maggie appréciait ce tableau matinal comme si elle le voyait pour la première fois. Cette heure de promenade serait son moment de sérénité. Le piment de sa journée, comme elle aimait à dire. Plus que tout, elle appréciait de se perdre le long des rivages, s'imprégner de ce monde resté sauvage, à l'abri des tâches ménagères et des turpitudes du monde.

Elle passait sa vie à gérer le château de Cawdor, le jardin, les arbres, l'entretien régulier de chaque pièce, sans compter l'existence un peu arriérée de Mac. Ce grand dadet de fils qui semblait ne pas vouloir grandir plus que ça, et rester à la maison, près de maman jusqu'à la fin des temps... Aussi, cette balade autour du lac constituait-elle une authentique évasion quotidienne. Depuis que son mari était mort, trente ans auparavant, Maggie vivait seule avec son fils. Ce dernier n'avait qu'un an à peine à la mort de son père et, trente-trois ans plus tard, il entamait une sérieuse existence de vieux garçon. Avec le temps, le poids de l'absence masculine ne s'était pas dissipé. Margaret n'avait jamais retrouvé l'amour et, aujourd'hui encore, elle regrettait de ne pas avoir cherché avec plus d'ardeur.

Une présence masculine, près de son Mac Abbey chéri, lui aurait sûrement permis d'avoir une vie de femme plus proche de ses aspirations. De reprendre des études, par exemple, et de s'immerger à nouveau dans les recherches paléontologiques qui la passionnaient tant. Maggie ne regrettait pas les décisions qu'elle avait prises au sujet de son fils, mais il lui arrivait parfois de se demander à quoi la vie de Mac Abbey ressemblerait si elle ne l'avait pas couvé à ce point.

L'horizon, ce matin-là, n'était qu'une couverture de brouillard. Même l'herbe paraissait grise sous les nuages. Tout en marchant, Maggie songeait à la légende du Loch Ness. Elle aimait réfléchir à ce mythe et inventer des théories. Depuis qu'elle vivait au château, elle n'avait jamais aperçu le fameux *Nessie* – dans les années 30, le monstre du Loch Ness fut surnommé *Nessie* par les riverains du lac afin d'en atténuer le côté sombre et effrayant – mais au fond d'elle palpitait le désir secret d'y croire coûte que coûte. Après tout, que serait ce lac sans son monstre légendaire ?

Dans le panier tressé qu'elle portait au bras, et qui l'accompagnait à chaque promenade matinale, Mrs Abbey déposait chaque fleur cueillie, chaque plante minutieusement arrachée à la terre. Un à un, les genêts, les capucines s'empilaient dans le panier et, sans que Maggie en comprenne la raison, l'orange vif des pétales la rendait nostalgique. Le soir venu, une fois les dernières tâches accomplies, elle déposerait avec soin chaque tige, chaque pétale sous les feuillets transparents de son herbier.

Plus jeune, Margaret était une belle femme qui faisait tourner les têtes avec ses cheveux roux comme des flammes. Contrairement à ce que laissait supposer l'incandescence de sa chevelure, Maggie était docile, gentille et gardait son calme dans les pires des situations. N'ayant pas vraiment conscience de sa beauté, elle n'usait en rien du pouvoir que confèrent les charmes et avait passé ses premières années de vie de femme comme cela, naturelle, un peu naïve, sans réelle stratégie de séduction.

Depuis quelques années déjà, le roux de ses cheveux s'était changé en gris et, en dépit des petites rides qui s'étaient installées autour des yeux et de la bouche, sa beauté avait gagné en densité.

En dehors de la botanique, Margaret s'intéressait aussi aux pierres. Elle prétendait qu'elles reflétaient l'histoire de la planète, que par leurs formes, leurs couleurs, les cailloux étaient à eux seuls une ébauche de l'art. Aussi, une fois son panier empli de plantes diverses, elle s'aventurait sur les plages argileuses qui bordent le lac. Là, les pieds dans la boue, elle se mettait en quête d'une rareté géologique. À chaque fois qu'elle se baissait pour nettoyer un galet étrange à ses yeux, les douleurs de son dos lui rappelaient son âge, mais elle n'aurait interrompu sa recherche pour rien au monde.

Ce matin-là, après une demi-heure de nage et vingt bonnes minutes de marche, alors que la promenade touchait à sa fin, le visage de Margaret Abbey s'illumina. À ses pieds, elle découvrit une faille dans la roche longeant la berge. Dans l'eau qui emplissait la brèche, elle devina un reflet clair, presque scintillant. Avec peine, elle s'agenouilla et plongea ses mains dans l'eau fraîche. Le reflet provenait d'un galet en partie enfouie dans la vase. Du bout des doigts, elle caressa la pierre. « Lisse comme un crâne et glaciale comme la nuit », furent ses premières pensées. Elle sentit le froid se propager dans son bras et remonter jusqu'à la nuque. Elle eut un frisson. De ce premier contact se dégageait une intensité surprenante. L'heure tournait mais il était hors de question de laisser cette pierre emprisonnée plus longtemps. Aussi, glissa-t-elle ses mains dans la terre gorgée d'eau. Elle enfonça les doigts le long du caillou emprisonné et prit conscience de la taille de l'objet. Un peu comme un iceberg, la partie la plus importante demeurait immergée.

Maggie avait maintenant les bras submergés de vase et tirait de toutes ses forces. Au fur et à mesure, se dégageait ce qui semblait être un petit rocher. Le pauvre dos de Margaret la faisait terriblement souffrir mais, étrangement, le simple contact de cette pierre lui faisait oublier la douleur. En cet instant, son cœur battait la chamade et, en dehors des ardeurs provoquées par la passion amoureuse, elle n'avait jamais ressenti une telle exaltation.

Dans un ultime effort, Mrs Abbey fut projetée en arrière, la pierre dans ses bras comme un nouveau-né après l'accouchement. Elle poussa un cri de surprise. D'une poche, Maggie extirpa un vieux chiffon à carreaux. Elle le passa délicatement sur l'objet pour s'assurer que ce qu'elle voyait n'était pas le fruit de son imagination. Après l'avoir débarrassé de ses traces argileuses, elle se frotta les yeux pour bien vérifier qu'elle n'était pas la victime d'une hallucination : la chose qu'elle tenait entre ses mains était un œuf d'une quarantaine de centimètres. La coquille était de couleur beige, striée de petites veines bleues qui parcouraient sa surface telles les multiples ruisseaux qui irriguent la terre d'Écosse. Elle regarda autour d'elle pour vérifier que personne ne l'observait. Puis, elle plaça l'œuf géant au creux de son panier, couché entre les plantes rangées en couches protectrices. Une fois sa trouvaille en sécurité, elle hâta le pas vers sa demeure.

Moins d'une heure plus tard, Maggie arriva en courant dans la cour et entra dans la maison, presque en trébuchant. Elle était essoufflée, un peu étourdie, aussi, tant par son retour à marche forcée que par l'excitation qui l'habitait.

À pas lents, elle gravit les escaliers, la main bien accrochée à l'anse de son panier. Une fois la porte de sa chambre verrouillée à double-tour, elle posa le sac contenant l'œuf sur son lit. Sans perdre de temps, Margaret attrapa son carnet de notes et son stylo-plume favori. Dans le silence de la pièce, son écriture fit des pleins et des déliés, enfermant pour de longues années sa découverte dans le secret des pages manuscrites.

Louis-Victor Ladagnous
Grade 11/Seconde
15 ans
Français

CHAPITRE 8 :

Dans la chambre de Marbaret Abbey

Minuit passé de 10 minutes

En remontant du salon, les trois ados ont bien du mal à se séparer. Le besoin de rester ensemble, de partager leurs impressions de la soirée les pousse dans la chambre des garçons. Ils se jettent sur leurs lits respectifs tandis que Rose s'assoit sur le radiateur. Wilde, encore sous le coup de la dégustation accidentelle de whisky, essaye de ne pas s'emmêler les pattounes et progresse comme il peut jusqu'au lit de Vel.

– Ça va, mon chat ?

– Super, c'est zuste que ça tangue un peu.

Une fois installé sur la couette, il s'étire au maximum, baille à s'exploser la luette et ferme les yeux pour de bon.

– Maintenant, si on me lâsse les coussinets, promis que demain z'serai en forme.

Quelques instants plus tard, le ronflement du chat provoque un fou-rire général. Une fois que chacun a repris son souffle, Vel lâche ce qui le taraude depuis les confidences de Mac Abbey.

– Je vais vous dire, moi, ce qui me tracasse. Le vieux nous a appris que sa mère avait été retrouvée morte sur Stone beach. Et vingt-cinq ans plus tard, au même endroit, c'est le tour du père Campbell et de son fils. Même sort pour eux que pour la vieille, comme si on les avait passés à tabac.

Il se tait.

– Et alors, commente Michael, tu veux en venir où ?

– Je ne sais pas, pour l'instant, j'aligne les interrogations. On verra après. Je vous fais le topo de l'affaire. Parce que franchement, si ça c'est pas une affaire, j'y connais rien. Un : il y a bientôt vingt-six ans, le corps de Margaret Abbey, est retrouvé sur la petite plage de Stone beach. Accident ? Crime ? Aucune réponse jusqu'à aujourd'hui. Énorme ! Vingt-cinq ans d'enquête, et pas une piste sérieuse. Deux : le jour de l'enterrement, des cambrioleurs ont fouillé la chambre de la morte. D'après le fils, rien n'a été volé. En revanche, personne n'a jamais su qui étaient les intrus et ce qu'ils étaient venus chercher.

Et trois : près de vingt-six ans plus tard, sur la même plage, on retrouve les corps d'un type du coin et de son fils, sortis pour une partie de pêche. Comme la mère de Mac Abbey, ils ont aussi l'air d'avoir été tabassés à mort. Pour l'instant, l'enquête n'a rien donné. Accident ou autre chose, on n'en sait rien. Mais ce que j'ai noté, c'est que la lieutenant de police qu'on a vue ce soir ne parle pas d'accident, mais de scène de crime.

Il interrompt son exposé, attend la réaction des autres.

– Tout ça, on le sait déjà, intervient Rose. C'est du résumé, que tu nous fais. Rien de plus. Par contre, je suis certaine que tu as une idée derrière la tête. Je me trompe ?

Au sourire de Vel, elle ne peut se contenir.

– Je vais te dire un truc, Vel. Même pas en rêve !

– Mais, j'ai encore rien dit.

– On te connaît assez, intervient Michael. La chambre de la vieille, c'est ça ?

Le jeune garçon se redresse sur son lit et fixe les deux qui attendent sa réponse.

– C'est simple, cette chambre, c'est le seul endroit lié directement à la mort de la vieille auquel on ait accès. Rappelez-vous ce que nous a dit Mac Abbey. Un endroit préservé comme si ça s'était passé hier. Alors, je vous le dis, il n'y a que dans cette pièce qu'on peut encore trouver quelque chose.

– Trouver quoi, vingt-cinq ans après les faits ? fait remarquer Michael.

Vel se lève et s'assoit sur le tapis, entre les deux lits.

– Faites pas attention, murmure-t-il. Le cul au sol, je suis plus en contact avec les lieux. C'est comme ça. Le passé, faut que ça transpire.

Il ignore délibérément le sourire entendu des deux autres et poursuit sur sa lancée.

– Si on trouve ce que cherchaient ceux qui ont cambriolé la chambre, on saura pourquoi ils ont éliminé Mrs Abbey. Et puis...

– Parce que pour toi, coupe Michael, Mrs Abbey a été assassinée ? Pas de doute là-dessus ?

– Il faut fonctionner par hypothèse, Michael. C'est le fait que sa chambre ait été cambriolée qui me fait penser que sa mort n'était sans doute pas accidentelle. Du coup, je suppose que ceux qui l'ont assassinée voulaient lui faire avouer quelque chose. Qu'elle leur livre une information ou qu'elle leur donne un objet précis. Je suppose aussi qu'elle n'a pas parlé et qu'elle est morte sous les coups de ses agresseurs. C'est pour ça qu'ils ont profité de l'enterrement pour retourner la chambre de leur victime. Pour dénicher ce qu'elle ne leur avait pas donné. Tu me suis ?

– Ouais. À peu près.

– Bien. Je continue. La chambre est fermée depuis tout ce temps. Pas de visite, pas de ménage, rien. Mac Abbey nous a dit qu'il l'avait laissée en l'état. Un peu comme un mausolée. Une sorte de chambre mortuaire. Aussi, je crois que si on y fait un petit tour, il n'est pas impossible qu'on remarque quelque chose.

– Du genre ?

– J'en sais rien, moi. Un détail qui aura échappé aux meurtriers. Qu'est-ce qu'on a à perdre. Hein, dis-moi ?

Rose, qui jusque-là a écouté sans rien dire, se décide à intervenir.

– Notre honneur, mon p'tit Vel. Rien que ça. Eh oui, ne me regarde pas avec cette tête-là. On a donné notre parole. Juré, craché, promis et toute la panoplie. Alors, si vous voulez devenir des parjures, les garçons, ce sera sans moi. Sans parler de la déception de Mac Abbey. Ce serait terrible pour lui. Et pour nous aussi, d'ailleurs.

Vel prend place sur le radiateur, face à son amie.

– Je comprends. Tu as raison. Moi aussi, je l'aime bien, Mac Abbey.

En quelques mots, il fait part de son raisonnement. Explique que pour le vieil homme, connaître la vérité sur la mort de sa mère, ce serait le plus beau des cadeaux. Il saurait enfin pourquoi elle a disparu, balaierait d'un coup tous les points d'interrogation qui le minent depuis un quart de siècle.

– Et cette vérité, offerte au vieux bonhomme, conclut-il, vaut bien de prendre quelques libertés avec une promesse, non ?

– Tu penses vraiment qu'on pourrait remonter jusqu'aux coupables ?

Vel se lève et lui tape dans la main.

– Si tu me fais confiance, Rose, on peut y arriver. Et Mac Abbey, pas impossible qu'on lui offre la vérité.

Rose ne peut s'empêcher de sourire à l'audace de son ami.

– Difficile de te résister, Vel. Mais dis-nous, tu as une idée pour récupérer la clé de la chambre ?

– C'est vrai, réagit Michael, admiratif des talents de persuasion de son jeune frère. Tu as entendu Mac Abbey comme nous : cette clé ne le quitte pas. Il nous l'a même montrée, accrochée aux passants de son kilt.

– Je suis d'accord avec vous. Ce ne sera pas simple. En tout cas, si l'un de nous entre dans sa chambre pour récupérer la clé, au premier grincement de parquet, sûr que le vieux va se réveiller.

– Et alors ?

– Alors, susurre Vel d'un air plus que malin. Elle est là, la solution.

Il se tourne et pointe Wilde du doigt.

– C'est lui le poids-plume qu'il nous faut.

Wilde ouvre un œil.

– Pas la peine de prendre vos tronsses de conspirateurs, les gars. Ze dormais que d'une oreille et z'ai quasiment tout capté.

Conspirateurs ou pas, ils s'assoient sur le lit de Vel et entourent leur chat.

– OK, Wilde, acquiesce Michael. Alors tu peux nous résumer la mission qu'on va te confier ?

D'un petit coup de griffe, il se gratte le bout de la truffe et fait le point à sa manière.

– Un : ze m' faufile dans la sambre du vieux. Deux : z'repère la clé. Trois : z'la sope et z'vous la ramène. Le tout sans réveiller Mister Moustasses.

– Bien, mon chat, félicite Vel en lui frictionnant gentiment le dos.

– T'es un vrai champion, s'exclame Rose.

Sur ces mots, le chat saute du lit et se dirige vers la porte de la chambre.

– Au fait, ajoute-t-il en se retournant vers ses maîtres, pour mon tarif, c'est zuste trois ou quatre kilos de harengs frais. Z'adore ça, et z'vous préviens, il n'y a rien à négocier.

Moins d'une minute plus tard, tous les quatre se retrouvent face à la chambre de Mac Abbey. Par la porte entr'ouverte leur parvient un ronflement de bûcheron. Inspiration de phoque en rut, un temps d'arrêt, style courte apnée, puis l'expiration à rallonge d'un ballon géant qui se dégonfle.

Suit un tremblement des lèvres, des joues, une série de sifflements et c'est reparti pour un tour.

– Et Macaron ? lâche Rose. Il n'est pas dans la chambre, au moins ?

– T'inquiète, rassure Vel. Je l'ai vu avant de monter. Il dort dans la cuisine, près de sa gamelle.

Wilde au moment de se glisser dans la chambre, se retourne vers les trois stressés qui l'accompagnent.

– Eh, zen ! Ze zère un max. Z'fais pattes de velours et z'vous la ramène c'te clé...

Dès qu'il avance le museau dans la chambre, Vel balaie la pièce d'un regard circulaire. Au pied du lit, posé sur le dossier d'une chaise, le kilt du maître de maison. Accroché à un passant pour ceinture, un anneau de fer. Prisonnière de l'anneau, la fameuse clé. Bon, songe Wilde. Inutile d'essayer de défaire le crosset, ni de retirer la clé de ce satané anneau. Z'suis p't'être balèze, mais z'suis pas mazicien.

Par la fenêtre, un rayon de lune éclaire le visage de Mac Abbey. Bonnet de nuit, moustache tremblante et bouche ouverte. D'un bond, le chat se retrouve sur la chaise. Pas d'autre choix que de faire glisser le kilt au sol et de le traîner jusqu'au couloir. Pour éviter que l'anneau métallique ne heurte le plancher et réveille le bûcheron-dormeur, Wilde saisit la ferraille entre ses dents et, par petits mouvements répétés patiemment, il fait chuter en douceur le kilt de la chaise.

Ne reste plus qu'à tirer le vêtement jusqu'à la porte d'entrée, et le tour est joué.

Face à la chambre de Rose se trouve celle de Margaret Abbey. Alors qu'il s'apprête à l'ouvrir, Michael s'adresse à son chat.

– Écoute-moi bien, Wilde. Pendant qu'on rentre là-dedans, toi, tu vas faire le guet devant la piaule du vieux. Jusque-là, tu t'en es sorti comme un chef. C'est pour ça que je te confie notre sécurité. Si Mac Abbey se réveille et qu'il sort de sa chambre, tu galopes jusqu'ici et tu miaules un grand coup. Genre chat qui pique sa crise. OK?

Wilde montre ses babines dans un petit sourire.

– Ça tombe au poil, parce que la sambre d'une morte qui a pas été nettoyée depuis l'âze de pierre, très peu pour moi.

Au petit trot, il disparaît à l'angle du couloir.

Michael fait tourner la clé dans la serrure et empoigne la clenche.

– Dès qu'on est entrés, Vel, tu refermes la porte.

Durant quelques secondes, c'est un musée qu'ils entrevoient. Un caveau géant, voilé de toiles d'araignées. Une fois la porte refermée, c'est l'obscurité totale.

– Surtout, pas de lumière, murmure Vel. Après tout ce temps, ce serait trop brutal. On n'a qu'à s'éclairer avec nos portables, ça suffira.

Quelques secondes plus tard, dans la lumière projetée des trois mobiles, se dévoile la pièce dans ses moindres détails. Sur le large lit en métal, les draps et la couverture ont été jetés en boule, le matelas retourné est placé en travers du sommier. Du secrétaire qui jouxte la fenêtre, les tiroirs ont été arrachés, vidés sur le sol, de leur contenu : papiers, bijoux et petites photographies en partie recouvertes d'une épaisse poussière grise. Sur la gauche, un pan entier d'étagères murales. Des niches aux livres éparpillés, jetés en vrac sur le plancher. Sur la droite, une commode aux tiroirs démontés. Au sol, transformés en résidence principale pour insectes en perdition, des fragments de garde-robe.

– On dirait que tout est recouvert de cendres, chuchote Rose.

Elle s'agenouille au pied du secrétaire. Sous un amas de particules grises, les restes d'un herbier. Entre les feuillets transparents, des fleurs séchées, des tiges, des pétales aux reflets orange plus qu'évanouis.

– On se croirait au British Museum, suggère Michael.

Disséminé dans la pénombre, un régiment d'animaux empaillés. Par terre, près d'une marmotte couchée sur le flanc, une mouette au bec cassé. Tombé de son étagère, un renard. Encore debout, un castor, et sur son perchoir branlant, une bécasse. À droite du lit, une biche immobile, au regard comme surpris par la balle qui l'a fauchée et, le plus impressionnant de tous, couché sous la fenêtre, un manchot impérial. Un mètre trente, abandonné sur le dos, ses yeux noirs semblent regarder le néant.

– Toutes ces bêtes empaillées, souffle Rose. J'ai horreur de ça. Dites, on ne va pas traîner ici ?

Michael, occupé à mémoriser chaque détail, fait comme s'il n'avait pas entendu. Son frère observe de près les étagères, les livres épars. Puis, il s'en approche un peu plus, glisse ses doigts entre les volumes, effleure les reliures poussiéreuses. Il choisit un petit carnet, le feuillette, puis en sélectionne un autre.

– Dites, elle est morte en quelle année ?

Dans les têtes, la course du calcul mental.

– Si je compte bien, propose Michael, elle est morte en juillet 1991.

Vel tourne les pages d'un petit livre, puis il balaie le sol, revient aux étagères, semble à nouveau vérifier un endroit précis puis un autre.

Intrigué, son frère s'approche.

– Tu peux nous dire ce que tu fabriques ?

– Je crois que j'ai trouvé quelque chose.

Rose s'approche à son tour.

– Vous voyez, commence Vel, c'est là que Margaret Abbey rangeait ses carnets de bord. Une sorte de journal intime écrit sur des décennies. Il y en a un par semestre. Parfois deux. Avec ces fichus cambrioleurs, tout est dans le désordre, mais on s'y retrouve. Regardez, là, de 1973 à 1980 et en dessous, de 1981 à juin 91. J'ai vérifié. Il manque le dernier carnet. Là où elle a consigné les dernières semaines de sa vie.

– Tu crois que c'est ce que cherchaient les cambrioleurs ? hasarde Rose.

– Ce qui est sûr, fait remarquer Vel, c'est que ça nous donnerait un paquet d'infos sur ses dernières journées.

Michael jette un coup d'œil à sa montre.

– Bon, on file. Il est déjà presque deux heures et demie. Manquerait plus que le vieux se réveille.

Moins d'une minute plus tard, ils débouchent dans le couloir et rejoignent Wilde, sagement assis devant la porte de Mac Abbey.

– C'est bon, mon chat, encourage Michael. De notre côté, mission accomplie. Maintenant, à toi de finir le boulot.

Wilde fronce les sourcils et hausse ses petites épaules en poussant la porte de la chambre, le kilt et la clé coincé entre les dents.

– S'ils savaient, murmure-t-il en aparté, que z'me suis endormi pendant une demi-heure, z'suis sûr que z'aurais droit au peloton d'edzécution. À deux zeures du mat', après une dégustation de whisky maousse costaud, surveiller un mec qui ronfle comme une tronssoneuze, z'aimerais bien les voir, moi !

Lazare Kizi
Grade 11/Seconde
16 ans
Franco-Algérien

CHAPITRE 9

Au British Museum

Vingt-cinq ans plus tôt
Londres, National British Museum

À la troisième sonnerie du téléphone, le professeur Mac Hanapech leva la tête de ses dossiers. Autour de lui, en piles bizarrement équilibrées, des chemises cartonnées, des feuilles en tas improbables, des livres par dizaines ainsi qu'une accumulation de dictionnaires encyclopédiques. Tout ce fatras recouvrait le bureau au point que le meuble, pourtant déjà bien grand, semblait avoir été englouti.

– Oh, my God ! Je ne m'en sortirai jamais.

Comme un marsouin dans l'antarctique, il disparut sous les papiers avant de réapparaître, quelques secondes plus tard, téléphone en main.

– Mac Hanapech, British Museum, lâcha-t-il d'une voix essoufflée. Qui est à l'appareil ?

– Maggie, cher professeur.

– Maggie ? Quelle Maggie ?

– Margaret Abbey, Professeur. Ou Hamilton, si vous préférez. C'était mon nom de jeune fille. Ne me dites pas que vous m'avez oubliée ?

Cette voix, ce visage, comment aurait-il pu les effacer de sa mémoire...

Durant quelques secondes, derrière le verre de ses lunettes, la brillance soudaine de ses yeux trahit l'émotion autant que la surprise. Maggie Hamilton... Mon Dieu, il la revoyait comme si c'était hier.

Étudiante brillante et plus que ça encore, promise à un avenir de chercheuse ou de scientifique de haut niveau. Pour le jeune chargé de cours qu'il était alors, Maggie Hamilton était une de ses élèves les plus douées et, comme leur âge n'était pas très éloigné, ils avaient fini par sympathiser. Peu à peu, au fil des trimestres, des heures passées ensemble dans la ferveur des recherches universitaires, cette sympathie s'était muée en réelle amitié. Puis cette jolie rousse avait fini, bien involontairement, par lui faire tourner la tête.

Mais, de manière totalement inattendue, alors qu'elle terminait sa troisième année, Maggie Hamilton était tombée follement amoureuse d'un châtelain en Écosse, un certain Abbey quelque chose.

Margaret Abbey était étendue sur son lit, la nuque calée contre un épais oreiller, le combiné du téléphone collé à l'oreille. De sa position, elle embrassait toute la chambre du regard. « Chambre » n'était d'ailleurs pas le mot le plus approprié. Musée, galerie, conservatoire, et surtout cabinet de curiosité, aurait été un qualificatif plus adapté. Grande collectionneuse de tout ce qui chez elle faisait passion, elle avait amassé dans cette vaste pièce un assortiment complet de ses diverses collections.

Alignée sur plusieurs étagères, une collection d'améthystes brutes cohabitait avec une agate rose géante à la forme de papillon monarque. Sur son bureau, une accumulation de classeurs soigneusement triés, des herbiers contenant tous les échantillons de la flore locale. Comme toute bonne citoyenne, même par alliance, Maggie avait disposé sur sa table de chevet un chardon parfaitement taillé et entretenu.

Le mur de gauche, lui, avait disparu derrière une accumulation impressionnante de livres. Sur l'une des étagères, entourée d'épais ouvrages, une suite de carnets à reliure rigide. Une cinquantaine en tout. Sur le dos, notées à l'encre noire, les dates précises du journal concerné. Tous les soirs, et ce depuis une quinzaine d'années, Margaret

Abbey avait pris pour habitude d'écrire quelques mots sur la journée écoulée, parfois la semaine. Croquis, notes de musique, dictons, brefs récits, elle y notait avec soin les éléments marquants de sa journée.

Néanmoins, ce qui surprenait le plus, c'était le nombre et la variété des animaux empaillés. Dans un silence impressionnant cohabitaient renard, mouette, lièvres, biche, marmottes, aigle royal, sans oublier, droit comme un I près de la porte, un manchot empereur. En dehors de ses passions pour la taxidermie, les plantes, les pierres, la géologie, Margaret Abbey était profondément attirée par l'Antarctique. Un de ses rêves d'enfant était d'accompagner une expédition en terre australe pour étudier la vie des animaux.

Mais la vie en avait décidé autrement. Aussi, dans la quiétude de sa chambre, entourée de bêtes empaillées, elle nourrissait des rêves d'aventurière, consignant chaque jour, au sein de pages à petits carreaux, ses pensées les plus personnelles. La sève secrète de sa vie...

– Maggie ? Je veux dire Margaret Abbey Hamilton ! Mais, grand Dieu, qu'est-ce qui vous arrive pour m'appeler après tant d'années ?

À l'autre bout du fil, elle l'imaginait comme si elle y était. Empêtré dans la paperasse, les cheveux blancs dressés droit sur son crâne, et ses lunettes rondes aux verres trop larges qui lui donnaient l'air d'une chouette hulotte.

– Plus de vingt ans sans vous appeler. Je sais, je suis impardonnable. Mais je vous ai suivi, vous savez. Dans la presse, à la radio, dans les revues spécialisées. Je ne vous ai pas lâché d'une semelle. Sachez-le...

Quand Mac Hanapech avait appris le décès du mari de Margaret, il avait fait le choix du silence. Espérant, une fois le deuil réalisé, qu'elle se rapprocherait de lui. Mais les mois s'étaient écoulés, les années avaient passé, et il avait fini par se faire une raison.

– Et je peux savoir par quel miracle vous m'appelez aujourd'hui ?

Ne supportait-elle plus la solitude ? La vie de recluse dans le château de Cawdor aurait-elle eu raison de sa patience ? Le tête-à-tête quotidien avec son fils aurait-il fini par la lasser ? Fait renaître enfin le désir de s'ouvrir à nouveau au monde ? De s'intéresser à Londres, à ses musées, au plus célèbre d'entre eux, à son bureau à lui, sa tignasse blanche, ses petits yeux de hibou ?

Tout redevenait possible. Il suffisait maintenant de retenir son souffle et d'attendre les mots qui allaient suivre.

– Rassurez-vous, ce n'est pas un miracle. J'ai juste une question.

– Une question ? Une simple question ?

– Disons plutôt une interrogation à laquelle, j'en suis certaine, vous pouvez apporter une réponse.

Le paléontologue se redressa, poussa d'un geste de la main les documents qui recouvraient une partie de son siège, puis il s'assit profondément au creux de son fauteuil.

– Je vous écoute, Margaret, je vous écoute, débita-t-il d'une voix dont il maîtrisait avec peine le tremblement.

– Très bien. Pouvez-vous me dire, avec précision, quelle espèce d'animal pourrait pondre des œufs ayant une taille de quarante centimètres ?

– Quarante centimètres ?

Comme pour ménager le suspense, elle retint un peu sa respiration avant de se lancer.

– Des œufs de quarante centimètres, Professeur... mais au nord de l'Écosse.

Il fallut un petit temps pour qu'elle obtienne une réaction.

– Pour tout dire, je ne connais qu'une espèce capable de pondre un tel œuf dans la région que vous m'indiquez. Il s'agit du plésiosaure. Du moins, il s'agissait.

Margaret se redressa sur son lit, s'efforçant de maîtriser l'excitation qui la gagnait.

– Avec l'art de la synthèse qui vous caractérise, pouvez-vous me présenter ce fameux plésiosaure, Professeur ?

De son côté, Mac Hanapech ferma les yeux, laissant venir à son esprit le flot des informations qu'il avait accumulées depuis des décennies.

– Les plésiosaures, ma chère, étaient de grands vertébrés aquatiques qui vivaient au nord de ce qu'on appelle aujourd'hui l'Europe. Comme la plupart des grandes espèces de cette époque, ils sont apparus au début du Jurassique et ont disparu, comme tous les autres, à l'extinction du Crétacé, il y a environ soixante-six millions d'années.

– Et on a une idée de ce à quoi ils ressemblaient ?

– Oui, bien sûr. À partir de squelettes fossilisés, on sait aujourd'hui qu'ils mesuraient environ quinze mètres, qu'ils étaient carnivores et qu'ils attaquaient leurs proies en solitaire. Ils passaient cent pour cent de leur temps dans l'eau et étaient capables d'explorer les fosses sous-marines les plus profondes. De plus...

– Mais, coupa Margaret, connaît-on précisément la cause de leur disparition ?

Mac Hanapech sourit à la question. Décidément, les années passaient et sa curiosité sur l'extinction de ces espèces demeurait intacte.

– À vrai dire, il y a deux écoles qui s'affrontent depuis des lustres, et aucun élément probant jusqu'à aujourd'hui n'a permis de les départager. Pour les uns, les plésiosaures ont disparu il y a plus de soixante millions d'années, suite à la chute d'une météorite dans ce qui est aujourd'hui le golfe du Mexique. Pour les autres, moins nombreux je dois dire, cette espèce se serait éteinte lors d'une subite et brutale glaciation. Voilà ce que je peux vous dire. Mais si vous désirez plus d'...

– Non, non, je vous remercie. C'est parfait. Je ne vais pas vous déranger plus longtemps, Professeur. J'imagine que...

Sur les épaules de Mac Hanapech, le poids soudain de la déception. « Maudites soient ces attentes idiotes, songea-t-il. Ces espoirs fous que je suis capable de faire naître en moins d'une seconde. » En dépit de son âge, il était encore habité d'une âme d'enfant, capable parfois de s'embraser comme un feu de broussailles. Et aujourd'hui, il s'en battrait les fesses de rage !

– Avant de me laisser pour vingt ans de plus, Margaret, vous ne pouvez pas, de surcroît, m'abandonner sans explication. J'aimerais quand même comprendre ce qui vous arrive pour que vous vous intéressiez si soudainement au plésiosaure ?

Elle savait que ce qu'elle s'apprêtait à dire allait faire l'effet d'une bombe.

– Je sais que cela peut vous paraître fou, insensé même, Professeur, mais je pense être en possession d'un œuf de plésiosaure.

Venant de n'importe quel élève, cette affirmation aurait plongé Mac Hanapech dans un fou rire immédiat. Ou dans une colère noire qu'on ose le déranger pour pareille foutaise. Mais dans la bouche de Margaret Abbey Hamilton, ces quelques mots valaient peut-être leur pesant d'or. Ou, tout au moins, qu'on s'y intéresse avec sérieux.

– Je sais que ça paraît démentiel, Professeur, reprit-elle, aberrant, absurde, extravagant même et tout ce que vous voudrez. Aussi, dès demain, je vous envoie par la poste quelques croquis précis de ma découverte. Je vous laisse les examiner et, si vous jugez que ça en vaut la peine, vous n'aurez qu'à me rappeler. Ensuite, nous aviserons ensemble de la meilleure suite à donner à tout cela. Qu'en pensez-vous ?

Ensuite, ensemble, des mots que le professeur, même en rêve, n'aurait pas cru possibles. Avant de raccrocher, Mac Hanapech la remercia de sa confiance, l'assura de toute l'attention qu'il porterait à ses dessins dès leur réception. Une fois leur examen achevé, il prendrait contact avec elle sans attendre.

Après qu'elle eut reposé le téléphone, Margaret Abbey mit quelques instants à retrouver son calme. Puis, elle exposa l'œuf sur le bois clair de son bureau. Il ne lui restait plus qu'à réaliser quelques croquis. Ensuite, il lui faudrait dissimuler sa trouvaille. Elle songea alors à la pierre trouvée au bord du lac, le mois précédent. Sur l'une des faces, une main inconnue avait tracé de minuscules bâtonnets par centaines, rangés par groupes bien distincts. Un message mystérieux qu'elle avait fini par déchiffrer...

Avant de commencer le portrait de son œuf, elle ouvrit son journal de bord et griffonna d'un trait : *Si le point de départ est presque identique à celui de l'arrivée, on peut dire que la boucle est presque bouclée.*

Elle sourit à l'idée suivante, et sut qu'une fois ses croquis achevés, elle cacherait l'œuf là où personne ne pourrait le trouver.

Personne...
Vincent Cavailhes
Grade 10/Troisième
13 ans
Français

CHAPITRE 10

Guidé par Baudelaire

Trois heures quarante

Il est des nuits où le sommeil se tient à distance, impossible à attraper. Pour la énième fois, Michael se retourne, tapote son oreiller, tire la couette jusqu'à recouvrir son menton. Alors, il pense, il cherche, se secoue les méninges, remonte scrupuleusement le fil incertain de ce qui le trouble. Il sait très bien qu'il ne pourra s'endormir qu'une fois son tourment dissipé. Pas avant, c'est sûr. De leur incursion dans la chambre de Margaret Abbey, des images lui reviennent, des sensations.

L'angoissante impression de profaner une sépulture.

Recouverte de poussière, déposée partout tel un drap mortuaire, ils ont exploré la chambre abandonnée depuis plus de vingt ans. Les tiroirs ouverts, les vêtements éparpillés, une partie des livres jetés au sol et, sur une des étagères, la place laissée par le carnet manquant. Tout autour du lit défait, comme des spectateurs muets figés par la mort, une collection impressionnante d'animaux empaillés.

Tout est net dans la tête de Michael, les images, les couleurs, même l'odeur du temps emprisonné entre les murs. Un parfum tenace, effluve caractéristique d'espaces trop longtemps privés d'air frais. Mais il a beau avoir gardé en mémoire chaque instant de la visite, Michael sait qu'il manque quelque chose. Depuis qu'ils ont refermé la porte derrière eux, qu'ils se sont couchés chacun dans leurs pensées, l'adolescent a le sentiment d'être passé à côté d'un élément essentiel. Pour ne rien arranger, il a l'impression que son cerveau est coupé en deux. D'un côté, la chambre de Maggie Abbey, de l'autre, l'extrait obsédant d'une poésie française du dix-neuvième siècle, écrite par Charles Baudelaire.

Quatre lignes qui résonnent en lui comme un refrain obsédant, impossible à écarter. Quatre vers du poème, *La charogne,* tirée du célèbre recueil, *Les fleurs du ma*l : *Les mouches bourdonnaient sur ce ventre putride.*

Pour tenter d'échapper au poète maudit, il accroche son regard aux ombres des arbres que la pleine lune projette sur les murs de la chambre.

Mais impossible de s'y soustraire...

D'où sortaient de noirs bataillons de larves
Qui coulaient comme un épais liquide
Le long de ces vivants haillons

Ces strophes le ramènent à la chambre délaissée depuis si longtemps. Michael se redresse sur le lit. Mentalement, il retourne dans la chambre. Il se voit allumer son téléphone portable et balaie la pièce du léger faisceau de lumière. Sur chaque centimètre de tissu, de papier ou de bois, le gris de la poussière. Une couche triste, rappel de la mort et du temps, qui sont passés par là. Autour du lit, les bêtes renversées, leurs regards noirs, brillants à la lueur du mobile.

À voix basse, il murmure les quatre vers entêtants et dissèque chaque instant passé dans cette chambre interdite. Il confectionne un film au ralenti. Il revoit chaque boîte ouverte, chaque tiroir fouillé, chaque livre dérangé, mais ne trouve rien de suspect.

Hors de question qu'il abandonne ! Cette chambre renferme un secret, il en est convaincu. Les images continuent de tourner dans sa tête, comme ces quatre satanés vers...

Les mouches bourdonnaient sur ce ventre putride,
D'où sortaient de noirs bataillons de larves
Qui coulaient comme un épais liquide
Le long de ces vivants haillons

Puis une pensée surgit sans préméditation ni calcul : « Des mouches, se dit-il, comme celles qui ont l'air de tenir compagnie au manchot. »

Les mouches bourdonnaient sur ce ventre putride,

Des mouches, rien d'anormal sur une bête en état de putréfaction. Lui revient à l'esprit le ventre blanc du manchot empereur. Et cette ligne noire, tremblotante, qui parcourt son abdomen empaillé.

D'où sortaient de noirs bataillons,

L'image du manchot revient à nouveau. Michael se redresse, concentré à l'extrême sur ce détail qui l'interpelle : les manchots n'ont pas de ligne noire sur le ventre, mais celui-là en a une. Normal : pour remplacer ses viscères par de la paille, il a bien fallu ouvrir et recoudre... Mais pour quelles raisons le travail de couture a-t-il été si mal effectué par le taxidermiste ?

Des larves, qui coulaient comme un épais liquide,
Le long de ces vivants haillons,

Sur le ventre du manchot, un sillon étroit et sombre. Une succession de petits points qui trace un chemin plus ou moins rectiligne. Entre les reliefs des coutures, réalisées sans soin, déambule en silence un défilé de fourmis. « C'est ça, murmure-t-il, pas des mouches, elles se seraient forcément envolées, mais des fourmis... »

Sur les lèvres de Michael, un sourire de satisfaction.

Si parmi la collection d'animaux empaillés, le manchot est le seul à abriter des fourmis, c'est que ces dernières ont trouvé un passage : elles ont profité des défauts de la couture ventrale pour s'immiscer dans le corps de l'animal.

Dans la poitrine de Michael, son cœur donne des signes d'excitation.

Et si ce ventre est si mal cousu, c'est tout simplement qu'il a été RECOUSU par quelqu'un d'autre que le taxidermiste !

Ouvert à la hâte avant d'être refermé sans soin.

En moins d'une minute, Michael réveille son frère et court jusqu'à la chambre de Rose.

Quelques instants plus tard, dans la chambre des garçons, ils sont tous réunis.

Rose réprime un bâillement au creux de son poing tandis que Vel s'impatiente.

– Vu l'heure, mon grand, j'espère que tu as du sérieux. Sinon, on te fait bouffer ton oreiller...

Michael croise les regards et se lance.

– Je ne sais pas ce que les cambrioleurs voulaient trouver dans la chambre de Margaret Abbey, mais maintenant, je sais où ils n'ont pas fouillé, et pour cause. Le seul endroit où elle a pu dissimuler ce que ces types cherchaient...

En quelques mots, il retrace les grandes lignes de son raisonnement, les vers de Baudelaire, le ventre du manchot, la colonne de fourmis et cette nouvelle couture confectionnée à la hâte.

– On a pas le choix, conclut-il. Va falloir y retourner.

– Je crois avoir compris que tous les après-midi, le vieux fait sa petite sieste, fait remarquer Vel.

– Si j'ai bien compris, se lamente Rose, il va nous falloir faire une seconde expédition dans cette chambre de malheur ?

Wilde, allongé sur le lit de Michael, n'a pas perdu une bribe de la conversation. Il s'imagine déjà subtiliser en douce la fameuse clé.

– Eh, les comploteurs, si vous voulez que ze vous zoue un remake de Zames Bond, faudrait p't'être me laisser roupiller un peu, vous croyez pas ?

Lazare Kizi
Grade 11/Seconde
16 ans
Franco-Algérien

CHAPITRE 11

Au pub

25 ans plus tôt

Deux heures après sa conversation avec le professeur Mac Hanapech, Maggie était assise paisiblement sur sa chaise. Tranquille, elle dégustait son Dalreoch white tea – thé haut de gamme cultivé en Écosse – et savourait chaque bouchée de ses *shortbreads* au *lemon cur* – biscuits sablés contenant beaucoup de beurre, fourrés à la crème de citron –, tout juste sortis du four. Par les fenêtres de la cuisine, elle suivait du regard, amusée, les sautillements sur la pelouse des corneilles mantelées, grises et blanches, entourées d'audacieux merles à plastron. Tout ce petit monde piaillant à qui mieux mieux autour des restes de pain ou de gâteaux dispersés çà et là à leur intention.

Après quelques minutes de pause, elle regagna sa chambre et se remit au travail. Margaret

Abbey tenait à ce que son croquis soit le plus fidèle possible à l'œuf qui trônait sur son bureau. Aussi, après chaque tentative, elle considérait son esquisse avec attention, détachait la feuille de son grand bloc à spirales et en faisait une boule de papier qu'elle jetait à la poubelle et recommençait.

Après deux bonnes heures d'un intense travail, elle se leva, prit un peu de recul et examina son dernier croquis avec satisfaction.

Ne restait plus qu'à le glisser dans une enveloppe adressée à ce bon Mac Hanapech et filer jusqu'au pub déposer son courrier qui, comme chaque jour ouvrable, serait collecté autour de midi par la factrice. L'occasion aussi de savourer une bonne pinte de Brewdod Dogma, cette bière écossaise aux parfums de chocolat et caramel à laquelle, avec le temps, elle avait pris goût.

Mais avant de quitter le château pour rejoindre le pub, il lui fallait cacher cet œuf extraordinaire. Le dissimuler avec soin jusqu'aux éclaircissements que son vieil ami paléontologue ne manquerait pas d'apporter. D'un tiroir de son secrétaire, elle sortit un ciseau de couture et ne put s'empêcher de sourire à l'idée géniale pour abriter sa trouvaille d'éventuels curieux.

Pendant ce temps au pub du village

Accoudés au bar, Ronald Crump et son frère, Dumbo, jetaient les dés sur le tapis vert de la piste de jeu. En cette fin de matinée, l'endroit était plutôt bondé. Les habitués, installés à leurs tables de prédilection, jouaient aux cartes ou commentaient les derniers matchs de rugby. Plus calmes, face aux cartes de la région dépliées entre les verres, quelques touristes repéraient le tracé de leur excursion de l'après-midi. Noyé dans ce brouhaha typique des pubs de Grande Bretagne, le fort accent américain des deux frères passait quasiment inaperçu.

– Écoute-moi bien, Dumbo, assénait le plus gros des deux, tout engoncé qu'il était dans sa salopette en jean, cette idée, c'est moi qui l'ai eue, et rien que pour ça, c'est une idée de génie.

L'autre, plus grand et nettement plus maigre, avait posé les dés sur le comptoir et, les yeux ouverts autant que les oreilles, écoutait son aîné sans broncher.

– Franchement, poursuivit l'empâté, quitter nos States natals, s'installer ici, au bord du Loch Ness, et chercher une preuve de l'existence du fameux monstre, quelle aventure, nom d'un cheese burger !

Ronald Crump, depuis qu'il avait quitté l'école, recherchait célébrité et fortune. Mais, n'étant pourvu d'aucun talent particulier, ni timbre de voix inoubliable, ni aptitude au dessin, à la musique ou à tout autre type d'art, il s'était, depuis près de dix ans, lancé dans les affaires. N'ayant, bien sûr, aucun don particulier pour le business, lui et son frère Dumbo dont il ne se séparait jamais, n'avaient cessé d'accumuler les faillites plus ou moins importantes. Ainsi, de démêlées judiciaires en courses-poursuites avec les polices fiscales d'un bon nombre d'états, se déroulait imperturbablement leur existence de losers.

Deux mois plus tôt, alors qu'il émergeait d'une de ses nuits blanches habituelles, Ronald Crump avait eu, ce qu'il appelait depuis, une idée de génie. Un projet fou qu'il comptait mettre en œuvre dès les semaines à venir. Un plan, il en était persuadé, qui leur permettrait de devenir célèbres dans le monde entier et d'être milliardaires en dollars comme la plupart des grands artistes d'aujourd'hui. Pour cela, il fallait :

Un : sélectionner une affaire mystérieuse à la renommée mondiale, mais surtout jamais élucidée.

Deux : louer une maison sur place et s'atteler à l'enquête.

Trois : contrairement aux policiers et détectives qui les avaient précédés sur cette affaire, utiliser tous les moyens pour découvrir la vérité.

Quatre : une fois l'affaire élucidée de manière indiscutable, révéler enfin la solution au monde et devenir des stars planétaires. Écrire un livre racontant leur aventure, vendre les droits aux télévisions des cinq continents, faire des conférences aux quatre coins de la planète, bref, être enfin riches et célèbres.

– Maintenant que nous sommes sur place, petit frère, je vais t'expliquer comment on va passer à l'action.

Il était onze heures quarante précises quand Margaret Abbey poussa la porte du Nessie Pub. En un clin d'œil, elle comprit que toutes les tables étaient prises et se dirigea vers le bar. Au comptoir, elle joua des coudes et s'installa comme elle put sur un des tabourets, coincée entre un ancien matelot à barbe blanche et un type en salopette bien plus corpulent que la moyenne.

– ... On va s'initier à la plongée, détaillait Ronald. Je me suis renseigné, il y a un club dans le coin. Et une fois qu'on aura les bases, on achète le matos, on loue une barque et on retourne ce putain de lac comme jamais. Ensuite, ce qu'il faut que tu saches...

Dumbo avait beau faire tous les efforts du monde, il avait un mal de chien à imaginer son frère en habits de plongeur. Près de cent quatre-vingt-dix livres[3] équipées de palmes, du masque et des bouteilles, vraiment, impossible pour lui de se faire une idée raisonnable.

– Et ne me regarde pas comme ça, rugit Ronald ! L'eau, ça porte, mon pauvre vieux, ça porte ! Mon bide, mes kilos et le reste, évaporés dans la flotte...

Tout en écoutant son frère aîné, Dumbo remarqua la femme qui venait de s'installer près d'eux, perchée sur un tabouret. Une dame d'un âge certain et de bien belle allure. Grande, svelte, des cheveux gris lui tombaient sur les épaules avec d'infimes reflets roux entre les mèches. Elle posa une grande enveloppe sur le comptoir et commanda une bière du coin.

– Personne, tu m'entends, personne n'a osé plonger dans ce foutu lac, Dumbo, continuait Ronald sur sa lancée. Tous des trouillards ! Tous ! Nous serons les premiers, tu m'entends, les premiers à affronter les profondeurs. Parce que c'est là qu'il faut chercher les preuves de l'existence de la Bête, dans le lac et nulle part ailleurs.

Margaret Abbey savoura une première gorgée de sa bière et indiqua à Tom, le gérant du pub, qu'elle laissait cette enveloppe pour la factrice. Tout en ingurgitant de belles rasades, elle ne put

3 1 kilogramme équivaut à 2,20 livres. 190 livres font environ 130 kilogrammes

s'empêcher d'entendre la conversation de ses voisins de bar. Apparemment, deux frères américains, aussi dissemblables que peuvent l'être un cachalot et une truite. Le monstre du Loch Ness étant l'objet de leur conversation, elle y prêta une oreille attentive.

– Cette idée, tu vois, c'est la chance de notre vie. Les plus grands aventuriers de la planète, voilà ce qu'on va devenir. Christophe Colomb, Magellan, Marco Polo et même Neil Armstrong, des amateurs à côté de nous !

Le grand Dumbo n'en croyait pas ses oreilles. Une fois de plus, le frangin se prenait pour Dieu en personne et, une fois n'est pas coutume, c'est le ciel qui allait, tôt ou tard, leur tomber sur la tête.

– Mais ce qui défrise la couenne, laissa tomber Ronald en conclusion, c'est que toi, Dumbo, tu as l'air de faire la fine bouche. Franchement, je ne te comprends pas. Nom d'un Spécial King Burger ! Tu n'en as pas marre de la poisse qui nous court après depuis bientôt dix ans ?

Dumbo respira un grand coup et décida de faire part à son frère du petit détail qui le tracassait depuis quelques jours.

– Je te suis, Ronald, je te suis, comme toujours. Et j'ai bien compris ton projet. Cours de plongée, expéditions sous-marines, collecte de preuves... C'est bon, j'ai tout pigé. Mais y'a quand même un truc qui me taquine la cervelle.

Avaler sa salive avant de livrer la phrase suivante et se préparer à la réaction de son frère.

– Et si tout bonnement, ton monstre n'existait pas ? Si c'était simplement une légende, un conte ?

Face à lui, bouche bée, les yeux écarquillés, le visage boursouflé de Ronald passait par toutes les nuances de rouge que les pigments d'une peau peuvent engendrer.

– Excusez-moi, Messieurs, intervint Mrs Abbey, de me mêler de votre passionnante conversation, mais la vérité n'est jamais celle qu'on attend, vous savez.

Elle descendit de son tabouret et ajouta en souriant.

– En tout cas, votre monstre, on ne va pas tarder à en parler. Vous pouvez me croire.

Elle tourna les talons et se dirigea vers la sortie, regrettant déjà l'audace de son propos. Mais cette histoire d'œuf l'excitait à un point tel qu'elle n'avait pas réussi à tenir sa langue.

Tandis que Dumbo suivait la dame des yeux, Ronald posa le regard sur l'enveloppe kraft déposée sur le bar.

Écrit en lettres majuscules, on pouvait lire :

PROFESSEUR MAC HANAPECH
SERVICE DE PALÉONTOLOGIE
BRITISH MUSEUM
LONDRES

L'opulent Américain s'assura que personne ne prêtait attention à lui et s'empara aussitôt de l'enveloppe qu'il plia en deux avant de la dissimuler dans la poche ventrale de sa salopette. Du rouge, ses joues repassaient progressivement au rose porcin habituel.

– Qu'est-ce que tu fais ? balbutia Dumbo.

– C'est juste une de mes intuitions géniales. Depuis le temps, frérot, tu devrais être habitué.

Il trempa les lèvres dans son double café-crème-chantilly.

– Rappelle-toi, j'ai dit *chance* tout à l'heure, et voilà qu'elle frappe à notre porte.

Il sortit délicatement l'enveloppe qu'il posa sur ses genoux. En moins d'une demi-minute, il décacheta le pli, découvrit le dessin, les commentaires et les interrogations. Puis, il plia le document en deux et le coinça entre la salopette et son tricot de corps. De l'index, il pointa l'endroit où il avait caché le courrier de Mrs Abbey.

– Tu vois, Dumbo, je crois qu'on a touché le gros lot. Encore une de mes intuitions géniales. Et ne me demande pas pourquoi. Depuis le temps, frérot, tu devrais être habitué, nom d'un Fat and Furious Burger !

Emma Stein
Grade 11/Seconde
17 ans
Norvégienne

CHAPITRE 12

Qui vole un œuf

15 heures

Une fois engloutis les sandwiches préparés par Mac Abbey, d'un trait, ils ont bu leur verre de lait-menthe et regagné leurs chambres respectives. Depuis deux heures, Vel, assis en tailleur sur le tapis, feuillette l'impressionnante documentation concernant le monstre du Loch Ness qu'il a transportée jusqu'à Cawdor. Michael, assis au bord de son lit, un bloc-notes sur les genoux, s'est plongé dans la rédaction d'un poème, tandis que Rose, assise face à la fenêtre de sa chambre, s'applique à dessiner la bande de ciel bordant le fond du parc et la cime des bouleaux, malmenés par le vent du nord.

Vers quatorze heures trente, ils ont entendu Mac Abbey rejoindre sa chambre. Ils ont guetté les grincements caractéristiques du sommier et, chacun plongé dans ses occupations, a patiemment attendu que le vieil homme s'endorme.

À quinze heures précises, ils se retrouvent dans le couloir. Par la porte entrebâillée, résonne l'incroyable ronflement.

– C'est pire que la nuit dernière, chuchote Vel. C'est dingue, on croirait qu'ils sont deux.

– T'as raison, approuve Michael, un vrai concerto.

Rose pousse légèrement la porte et jette un œil dans la chambre.

– Normal, les garçons, dit-elle en souriant, il y a Macaron qui est de la partie.

Au pied du lit, allongé sur le dos, les quatre pattes en l'air, le chien joue sa partition de ronflement. Calée sur les vibrations du châtelain, une suite de soupirs plus voluptueux les uns que les autres. Sur la chaise, Mac Abbey a déposé son kilt, s'est allongé en caleçon, tout en gardant son pull à col roulé et ses chaussettes qui lui montent jusqu'aux genoux.

– Au prochain concours d'élégance, sourit Vel, il n'est pas près de sortir premier, papy.

– Je te signale qu'on est pas venus pour commenter la mode, proteste Rose. Allez, Wilde, à toi de jouer.

Le chat, qui jusque-là s'était abstenu de tout commentaire, se glisse entre les jambes des ados avant de se planter devant eux.

– Attention, cumul de risques les gars, ze crois que ze vais demander une augmentation. D'ailleurs, dès que z'ai terminé ma mission, vous filez dans le frigo et vous me ramenez un assortiment de saumon, de morue et de bécasse. Z'suis pas aveugle. Z'ai bien vu ce qui y avait dans vos sandwisses, ce midi.

– Tu peux compter sur nous, assure Vel en lui faisant un p'tit clin d'œil. Allez, mon chat, on t'attend dans le couloir.

Moins de trois minutes plus tard, Wilde apparaît, le kilt de Mac Abbey entre les dents. Accroché au passant de la ceinture, l'anneau et la précieuse clé.

– Génial ! s'exclament les trois amis. Mais comment tu as fait pour aller si vite sans en réveiller aucun ? demandent-ils d'une même voix.

– Ze vous raconterai après. Parce que là, faut pas rester les papattes croisées. Z'suis pas expert, mais à vue de truffe, dans dix minutes, ils ont fini de dormir.

Quelques mètres jusqu'à la chambre de Margaret Abbey. Deux tours de clé, et tous s'engouffrent dans la pénombre. Rose referme la porte et, comme les deux autres, s'avance au milieu de la chambre.

– Bon, s'impatiente Vel, si on a que quelques minutes, Michael, il faut pas traîner.

Michael s'agenouille près du manchot empereur. Tout en sortant un couteau suisse d'une poche de son jean, il laisse échapper les vers de Baudelaire.

Les mouches bourdonnaient sur ce ventre putride...

Il indique aux autres la raie noire composée de minuscules pointillés qui parcourt le ventre blanc de haut en bas.

– Là, vous voyez, ce sont des fourmis.

Il reprend sa déclamation.

– *D'où sortaient de noirs bataillons...* En fait, commente-t-il, elles entrent et sortent par ce petit trou, en haut du poitrail. Là où ça a été mal recousu.

Il déplie la lame de son couteau, la plante à la base de la gorge.

– *de larves qui coulaient comme un épais liquide...* Je perce, j'enfonce et je descends le long des coutures.

Rose et Vel, hypnotisés par le geste de chirurgien, se penchent pour mieux voir.

– *le long de ses vivants haillons...* Sternum, abdomen, pubis et stop !

Il pose la lame près de lui, introduit les doigts dans l'ouverture sombre.

– Fin de la dissection.

Vel oriente un peu mieux son téléphone portable pour bien éclairer la scène. Pas de mot, pas d'expression. Juste leurs bouches béantes. Sur l'écran du portable, les secondes défilent. Devant leurs yeux écarquillés, au creux du ventre ouvert, une forme qui ressemble à un œuf d'au moins quarante centimètres. Scotché à la partie supérieure de la coquille, un petit carré de papier sur lequel on peut lire, soigneusement noté : *10 07 91.*

– Le vieux va se réveiller d'une minute à l'autre, indique Michael. Prends l'œuf, Rose et on se tire d'ici.

Elle glisse les mains entre les poils blancs, extirpe la trouvaille et, comme Maggie Abbey vingt-cinq ans plus tôt, serre l'œuf contre sa poitrine comme on le fait d'un nouveau-né. Sans dire un mot, ils sortent de la chambre et verrouillent la porte.

– Allez, mon chat, encourage Michael en indiquant la chambre des ronfleurs. Dernière étape de ta mission. Nous, on t'attend dans notre piaule.

Quand Wilde fait son entrée dans la chambre des garçons, les trois adolescents sont en pleine discussion.

– Bon, je résume, propose Vel. Margaret Abbey a trouvé quelque part cet œuf géant. On ne sait pas encore pourquoi, mais elle considère que sa découverte est suffisamment importante pour la planquer dans le ventre de son manchot empaillé. Vous me suivez ?

– C'est clair, poursuit Michael. Du coup, je suppose que celui ou ceux qui l'ont tabassée à mort au bord du lac savaient qu'elle avait cet œuf et voulaient à tout prix mettre la main dessus. On est bons, là ?

– Parfait, reprend Rose. Je continue sur notre lancée. Pendant l'enterrement, ils ont retourné la chambre de cette pauvre Margaret, mais n'ont pas réussi à trouver ce qu'ils cherchaient. Il a fallu attendre vingt-cinq ans pour que des dégourdis dans notre genre mettent la main dessus. Elle est pas belle, la vie ?

Soudain, Vel a l'air ailleurs, perdu dans ses pensées.

– T'es où Vel ? ironise Michael. Redescends sur terre, frérot.

Le jeune garçon semble revenir à la réalité.

– Dis-moi, Michael, dans notre expédition de la nuit dernière, il me semble que tu as pris un des carnets de bord, non ?

Michael glisse un avant-bras sous son matelas et en sort un large carnet à la couverture cartonnée.

– Exact. C'est le dernier en date. Celui de juin 1991. Un mois avant sa mort.

– Donne, s'il te plaît.

Vel souffle délicatement sur la reliure poussiéreuse, tourne les pages, déchiffre sans peine l'écriture de Margaret Abbey. Des paragraphes courts qui racontent les journées qui défilent, les semaines qui se suivent. Qui mettent l'accent sur l'événement important du jour : un animal blessé, une pierre à la forme originale, une plante nouvelle à ranger dans l'herbier...

– Elle notait tout ce qui lui semblait important, fait remarquer Vel. Alors, j'imagine que le soir de ce fameux 10 juillet 91, elle a dû inscrire sa découverte dans son carnet. Et pas de bol, c'est celui qui nous manque.

– Tu crois que c'est ce que cherchaient celui ou ceux qui ont fouillé sa chambre ? s'interroge Rose.

– Je crois deux choses, en fait. Premièrement, s'ils avaient trouvé le carnet, ils auraient lu ce que Mrs Abbey y avait écrit et ils ne se seraient pas gênés pour sortir l'œuf de sa cachette. Et deuxièmement, un œuf d'une taille pareille, c'est pas un des lagopèdes du coin qui l'a pondu. D'ici à ce que cet œuf ait quelques millions d'années, il y n'y a pas loin. Du coup, ce que je me demande...

– Attends, attends, interrompt Michael. Laisse-moi dire l'idée que j'ai en tête, sinon, je la perds.

Il ferme les yeux, se concentre un maximum sur le raisonnement qui mobilise son esprit.

– Ce que je crois, c'est que personne n'a lu ce qu'elle avait noté dans son dernier carnet. Sinon, tu as raison, Vel, il y a un moment que l'œuf ne serait plus là où on l'a trouvé. En même temps, je ne vois pas pourquoi elle aurait planqué son carnet puisqu'elle ne savait pas qu'elle allait mourir si vite.

Vel s'avance jusqu'à la fenêtre qui donne sur le parc. Au fond, les troncs blanchâtres des bouleaux, l'herbe rase aux reflets de neige fondue. Vel garde le nez collé à la vitre.

– Tu te souviens, Michael, de l'enterrement de Granny Gladys ?

Dans la tête de Michael, les images de la mise en terre de leur grand-mère paternelle, cinq ans auparavant, ne se sont pas effacées.

– Comme si c'était hier. Quel rapport ?

– Avant de refermer le cercueil, papa a posé autour de Granny quelques-uns de ses objets préférés. Un livre, quelques photos, un mouchoir brodé.

Le jeune garçon se retourne, fait face aux deux autres qui ont déjà deviné la suite.

– Et comment on peut être sûr que Mac Abbey a déposé le carnet dans le cercueil de sa mère ? questionne Michael à voix haute.

Rose lève les yeux au plafond.

– Non, les garçons. Pas ça ! dit-elle avec effroi.

Michael ne peut retenir un sourire à la vue de son amie affolée.

– Et comment tu veux qu'on fasse ? C'est rien, juste une petite expédition. On se programme ça pour la nuit prochaine. Plus vite fait, plus vite tranquilles.

– Et puis, ajoute Vel, rappelle-toi notre visite du cimetière souterrain, à Londres, l'année dernière[4]. On n'en est pas morts.

Wilde, qui jusque-là avait suivi les échanges sans un miaulement, se dresse sur ses pattes et regarde ses trois complices tour à tour.

– Que ze me tape une espédition commando sez le vieux, la nuit passée, d'accord. Que ze recommence cet aprèm avec Macaron en soprano, passe encore. Mais que ze vous accompagne au fond d'une tombe pour fouiller le cercueil d'une vieille qui est morte écrabouillée par on ne sait pas quoi ! Alors là, foi de rouquinos, faut pas compter sur moi. Z'suis venu en vacances, ici, pas pour zouer le remake de *La momie*...

– Au lieu de râler, rigole Michael, si tu nous racontais comment tu t'en es sorti avec le vieux et Macaron...

En quelques miaulements précis, Wilde leur raconte le réveil soudain du chien. Et lui, poussé

4 Voir *Jack l'Éventreur, le retour,* Éditions Paul et Mike

par une intuition géniale, qui se fige sur la chaise comme une statue.

– Vous m'auriez vu. Immobile, une patte en l'air, on aurait dit que ze posais pour une revue de yoga. Mais le plus drôle, c'est que le vieux Macaron, il a trouvé ça tellement invraisemblable, qu'il a cru que c'était un rêve et il s'est rendormi de suite. Alors, ze suis pas zénial, dites ?

Nicolas Hoffmann
Grade 11/Seconde
16 ans
Français

CHAPITRE 13

Le bavardage est un vilain défaut

17 heures 30

Loin d'être séduite par le tea time aux harengs et à la bière, la petite bande décide d'aller faire un tour à l'épicerie du coin. La veille, en direction du lac, ils ont repéré, un peu à l'écart des dernières habitations, un *Budgens Store*[5]. Un petit paradis de la consommation, comme prétend Michael où, en un tour de rayons, on peut effacer les haggis, les foies, les poumons mijotés et autres horreurs écossaises.

Le ciel a déjà viré au soir et le froid tombe sur la ville. En file indienne sur le côté droit de la route, chacun erre dans ses pensées. Rose rêve d'une bonne limonade et de brioche à la

5 *Budgens Stores :* chaîne d'alimentation au Royaume-Uni.

confiture tandis que dans la tête de Michael défilent les éclairs au caramel et les verres de jus d'orange.

Vel, lui, n'a ni faim ni soif. Il suit les autres, juste par amitié. Le jeune garçon ferme la marche, l'esprit préoccupé par les mystérieuses affaires qui leur sont tombées dessus en moins de quarante-huit heures. Deux cadavres récents à la mort inexpliquée, des écailles pour le moins surprenantes trouvées sur une planche, la mère du châtelain disparue dans des circonstances troublantes, la chambre d'une morte cambriolée, un journal intime manquant et, cerise sur le gâteau, un œuf géant qui date peut-être de l'ère des dinosaures.

Sans oublier le lac et son possible monstre...

Quant à Wilde, curieux de savoir ce que Macaron trimballe dans la gourde accrochée à son cou et qui ne la quitte pas, il a préféré rester au château.

Sur le parking du magasin, deux hommes remplissent le coffre de leur 4X4. Entassent des sacs de papier, débordant de courses pour la semaine. Le plus gros des deux, emmitouflé dans sa doudoune, semble commander le duo.

– Prends quatre bières dans le pack, Dumbo. On va se les descendre dans la bagnole avant de rentrer.

Chaque semaine, la même phrase, la même rengaine. Prends quatre bières dans le pack, Dumbo... C'est qu'il aime ça, Ronald, siroter sa bibine, affaissé derrière le volant comme un pachyderme à écouter du Folk ricain des années 60. Boire la première bière d'un seul trait, comme une urgence.

Et puis, la suivante, la savourer tranquillement. Ensuite, baisser la vitre et fumer un petit cigarillo Made in Havane. Et là, sous le halo brumeux des réverbères, réfléchir au repas du soir, au whisky qui les attend. Passer en revue ces presque vingt-six ans qu'ils ont vécus, son frère et lui, dans ce coin paumé d'Écosse.

Il est presque dix-huit heures trente quand les ados sortent du Budgens Store.

– On rentre direct, propose Vel, parce que, je sais pas si vous avez remarqué, mais le vieux, il est plutôt à cheval sur les horaires.

– Et puis avec ce froid, on ne va pas traîner dehors, approuve Michael. T'as raison, Vel. On rentre, on range tout ça dans les chambres et on se régalera après le repas.

Rose sort son portable et s'éloigne un peu sur le parking.

– Avancez, je vous rejoins. J'ai promis à ma mère de l'appeler avant 19 heures.

Alors que les garçons s'engagent sur la route qui remonte au village, Rose repère une borne en béton, entre deux réverbères. Elle vient s'y asseoir.

– Tu vois, Dumbo, ça fait plus de vingt-cinq ans qu'on a débarqué ici, et je ne me lasse pas de cette satanée région. C'est dingue, nom d'un Royal Bacon...

Dumbo laisse son frère dérouler sa litanie de mots. Des phrases sans fin, toujours les mêmes, répétées chaque semaine. La ferme achetée, il y a deux décennies, et qu'ils ont retapée avec les moyens du bord, l'affaire de vente de voitures d'occasion qu'ils ont montée et qui, bon an mal an, leur a permis de tenir jusqu'à la retraite. Le whisky, parfois tard dans la nuit, et cette solitude, cet isolement comme ultime compagnon de vie.

Pas un mot sur les rêves de richesse abandonnés au fil des ans. Pas un mot sur cette femme qui avait préféré se taire et qu'ils ont laissée sans vie sur les galets. Pas un mot sur l'enveloppe subtilisée sur le bord du comptoir. Pas un mot sur le croquis de cet œuf géant, ni sur les annotations que Margaret Abbey avait griffonnées en bas de page.

À croire, songe Dumbo, que son grand frère a tout évacué de sa mémoire. Ronald finit par se taire. Il fait coulisser sa vitre, glisse un *Cohiba Short*[6] entre les dents. Un craquement d'allumette, quelques inspirations expertes et l'habitacle est envahi du parfum gris de La Havane.

– T'inquiète, m'man. Tout se passe super bien.

La gamine assise sur la borne, à proximité immédiate du tout-terrain, ils ne l'ont pas vue arriver. Encore moins entendue.

– À part la bouffe qui est à faire des cauchemars, tout est génial, s'exclame-t-elle. Le château est super, le vieux Mac Abbey très gentil et l'endroit est vraiment magnifique. Je crois que je vais pouvoir faire plein de dessins et...

Ronald donne un coup de coude à son frère.

– Elle a bien dit Mac Abbey, non ?

– Ouais, c'est ce qu'elle a dit. D'ailleurs, le barman du pub m'a raconté que le vieil Abbey logeait trois jeunes londoniens pour les vacances. On n'aura qu'à suivre la gamine quand elle aura raccroché. On en aura le cœur net...

Sortant de la bouche de Rose, la buée témoigne du froid tombé sur la région.

– Faut que je te laisse, m'man, il y a les garçons qui ont pris un peu d'avance et faut que je les rattrape. En plus, ça caille grave.

Elle se lève, s'apprête à clore la discussion, et soudain, se ravise.

6 Super cigarillo dont le tabac provient de Cuba.

– Attends, m'man. Deux secondes ! Faut que je te dise : on a fait une découverte incroyable ! Un œuf géant qu'on a trouvé dans une chambre, caché depuis vingt-cinq ans. Vel pense qu'il date peut-être de plusieurs millions d'années. Et puis, on a trouvé des traces d'écailles, énormes, sur une planche qui provient peut-être du monstre du...

– Rose, la communication est très mauvaise, je ne comprends rien à ce que tu me racontes. Va rejoindre les garçons, tu me raconteras plus tard.

Rose fourre le portable dans la poche de son jean, traverse le parking et hâte le pas vers les garçons, tous deux assis sur la rambarde de sécurité, à attendre leur amie.

– C'est dingue, murmure Dumbo. Je sais pas quoi dire.

– Eh bien, ferme-là. Laisse-moi savourer. Depuis le temps que j'attends un signe.

Trente secondes passent et le froid envahit la cabine. Ronald Crump balance son mégot d'une pichenette et fait tourner le moteur.

– Tu vois, Dumbo, c'est pas tous les jours que la vie repasse les plats. Pas tous les jours non plus que le ciel nous fait un de ses petits clins d'œil. Alors, là, va falloir la jouer pro, mon Dumbo. On doit mettre toutes les chances de notre côté, tu m'entends ? Filature, discrétion, incursion dans le château et vol de ce satané œuf. Depuis le temps !

Lancé sur la route, le 4X4 dépasse les trois jeunes piétons et leur chat.

– Les mioches, on ne les quitte plus d'une semelle et, à la première occase, on lance l'opération commando. Des questions ?

Les questions se bousculent dans la tête de ce pauvre Dumbo. Comment planquer autour du château en présence d'un chien qui fourre son nez partout ? C'est bien beau de vouloir mettre la main sur cet œuf, soi-disant préhistorique, mais comment savoir où ces fichus mômes l'ont planqué ?

À part en kidnapper un et le faire parler...

Mais Dumbo connaît son frangin par cœur. Quand Ronald a une idée en tête, elle a vite fait de se transformer en véritable obsession. Et dans ces moments-là, hors de question de l'embarrasser avec des points d'interrogation à la mords-moi-le-chewing-gum.

– Non, pour moi c'est bon, Ronald. Je crois que tu as raison.

– Comme toujours, mon p'tit Dumbo. Comme toujours.

Il fait descendre un peu la vitre et, dans un sourire satisfait, se colle un second cigarillo entre les lèvres.

– Tu vois, Dumbo, il y a des fois où je me demande ce que tu deviendrais sans moi...

Gautier Cavailhes
Grade 10/Troisième
13 ans
Français

CHAPITRE 14 :

Pilleurs de tombe

Aller se coucher comme si de rien n'était. Lire un moment, feuilleter ses notes, ses poèmes ou ses dessins, enfin éteindre les lumières et guetter le pas, dans le couloir, de Mac Abbey qui regagne sa chambre. L'écouter parler tout seul, manière sans doute de tromper sa solitude, et attendre les premiers ronflements.

Quand les vibrations du vieil homme deviennent régulières, et que les décibels atteignent leur niveau de croisière, les deux garçons s'habillent en silence. Suivis de Wilde, ils retrouvent Rose qui les attend dans le couloir. Sur la pointe des pieds, encapuchonnés dans leurs doudounes, ils descendent les escaliers, progressent jusqu'à la porte d'entrée en prenant soin de ne bousculer ni meuble, ni armure.

De la cuisine, proviennent les grondements étranges de Macaron.

– Mince ! On l'a réveillé ? s'inquiète Rose. Parce que si Mac Abbey nous surprend à cette heure-ci autour de la tombe de sa mère, je ne vous dis pas le scandale.

– T'inquiète, rassure Vel, Macaron, c'est sa façon de ronfler. Et vu l'intensité de leurs vibratos à tous les deux, je t'assure qu'il en faudrait beaucoup plus pour les réveiller.

Michael ouvre la lourde porte et tous se précipitent sur le perron. Dehors, la nuit glaciale semble avoir figé le décor. Entre d'épais nuages, la lune effectue, durant de brefs instants, quelques apparitions, offrant ainsi un éphémère éclairage suffisant pour progresser à travers le parc.

– On va d'abord faire un tour au garage, suggère Michael. On devrait y trouver ce qu'il faut pour ouvrir la tombe.

Quelques minutes plus tard, munis des outils adéquats, ils atteignent les premiers arbres et, entre les bouleaux, découvrent la pierre tombale. Un rectangle de marbre gris, légèrement moucheté, sans statue, plaque, ni fioritures, si ce n'est le bouquet de houx déposé par Mac Abbey quelques heures auparavant.

– J'ai oublié mon portable dans la chambre, marmonne Michael. T'as le tien, Vel ?

Le plus jeune des garçons fouille ses poches.

– Non, je l'ai laissé là-haut, comme toi.

Rose s'approche de Michael, lui tape gentiment sur l'épaule.

– Heureusement que je suis là, les garçons. Tenez, prenez le mien.

À la lumière du mobile on peut lire sur le caveau, gravée à même la pierre, une simple inscription :

Margaret Abbey
1919-1991

Vel s'agenouille dans l'herbe rase, commence son inspection.

– Il faut qu'on trouve quelque chose pour faire levier.

Il se redresse et s'éloigne en direction du château.

– Viens avec moi, Michael. Je crois que ce matin, j'ai repéré un cabanon de jardin, là-bas, près de la façade nord. On devrait y trouver ce qu'il nous faut.

Tandis que Michael s'avance vers son frère, Rose ne peut retenir son inquiétude.

– Je reste ici toute seule, c'est ça ?

– On en a pour deux minutes, Rose, tente de la rassurer Michael. On arrive. Promis.

Il tourne les talons et rattrape Vel qui, déjà, disparaît dans la nuit. Wilde se frotte contre les jambes de sa jeune maîtresse.

– T'inquiète, ze te sers de garde du corps. Et puis, à part une vieille morte sous nos pattes, de quoi tu veux avoir peur ?

Rose prend le chat dans ses bras, le serre contre sa poitrine. Elle se tourne vers l'endroit où Michael a disparu, attend d'apercevoir les silhouettes de retour. Ce qu'elle ne peut deviner, dans son dos, à trente mètres à peine, ce sont les deux paires d'yeux qui ne la lâchent pas une seconde.

– On a qu'à l'enlever maintenant, murmure Dumbo. Cette gamine, ça nous fera une belle monnaie d'échange pour récupérer l'œuf.

Vingt minutes plus tôt, les deux Américains ont franchi le petit muret qui ceinture l'arrière de la propriété. L'idée de Ronald Crump est de faire le tour des lieux, de prendre des points de repère afin de préparer au mieux une opération commando pour mettre la main sur la trouvaille de Margaret Abbey. Mais à peine ont-ils fait quelques mètres, que Michael, Vel, Rose et leur chat sont sortis de la bâtisse, leur laissant à peine le temps de se cacher derrière le premier fourré. Du coup, allongés à l'abri de leur épais buisson, les deux Américains n'ont rien perdu de la balade nocturne des adolescents.

– On se calme, Dumbo. On se calme, tempère Ronald. On va plutôt laisser les garçons revenir et fouiller le caveau. Avec la chance qu'on a ce soir, ils vont dénicher quelque chose d'important, et nous, on aura plus qu'à se servir.

Dumbo sait, qu'une fois de plus, son frère aîné aura le dernier mot. C'est comme ça depuis sa naissance, alors, il se dit que ce n'est pas aujourd'hui que ça va changer. Pas la peine de lui confier qu'il est gelé, transpercé par le froid de l'herbe glacée qui leur sert de couchette. Inutile aussi de lui dire que, pour se réchauffer, il passerait bien à l'action plutôt que de rester là, avec leurs jumelles infrarouge rivées aux yeux. Enlever la petite et demander l'œuf en rançon lui semble une idée bien efficace. Mais Dumbo sait que pour mettre ce plan en œuvre, il faudra faire en sorte que le grand frère soit persuadé que l'idée vienne de lui. Il le connaît, le frangin et sa tête dure comme du granit. Aussi, dans le silence verglacé de la nuit, Dumbo réfléchit à la stratégie qu'il va devoir mettre en place.

Trois quarts d'heure plus tard

C'est le front trempé de sueur, que Michael se laisse tomber dans l'herbe. Vel, lui, pose le pied de biche à ses pieds et se penche sur le rectangle sombre qu'ils ont réussi à dégager. Dans la pénombre du caveau, on devine le cercueil. Une boîte de chêne, garnie de poignées à la dorure effacée par le temps. Michael s'approche à son tour. Il s'assoit sur le bord de la fosse et braque son portable vers le fond.

– Il n'y a pas à dire, la mort a bien une odeur. Mais je m'attendais à autre chose.

– T'as raison, approuve Vel. C'est curieux ce mélange. Moi, je m'attendais à un mixte de barbaque en décomposition et de renfermé, et finalement, ça ressemble plutôt à l'odeur des caves vides, non ?

Michael est surpris, lui aussi. Il s'était préparé à une senteur proche de l'œuf pourri et il se retrouve confronté au simple souffle froid des caveaux.

– Par contre, je ne m'attendais pas à ce qu'il y ait autant de flotte. Franchement, on va en avoir jusqu'à mi-mollets.

– Normal que ça fasse un peu piscine, fait remarquer Vel. En fait, ce n'est pas vraiment un caveau. Rien n'est cimenté. C'est juste un trou creusé dans le parc avec une pierre tombale posée dessus.

Rose qui, jusque-là, s'est tenue à l'écart, s'approche du trou.

– Bon, qu'est-ce qu'on fait, les garçons ? Je suis gelée, moi, et j'ai tellement peur que Mac Abbey se réveille.

En quelques secondes, les deux frères se laissent tomber dans la fosse. Rose, assise, les jambes dans le vide, éclaire la scène de son portable. Au moyen des tournevis dénichés dans le garage, chacun s'occupe des rangées de vis qui maintiennent le couvercle.

Une fois la dernière vis ôtée, Michael cherche le regard de son frère.

– À trois, on lève le couvercle et on le pose à la verticale contre la paroi.

Chacun retient son souffle.

– Un, deux, trois !

Et la mort leur saute au visage. Les ossements noircis d'humidité, les orbites sombres privés de regard et les dents jusqu'à la racine, dans un sourire démoniaque. Sans compter l'air vicié qui s'échappe. Dans le cercueil, le squelette est en partie recouvert d'étoffes en lambeaux. Sur la poitrine, quelques photographies anciennes. Vel les prend entre ses doigts, les regarde l'une après l'autre.

– Son mari, je pense, et Mac Abbey quand il était gamin. Il y a les photos d'un chien, aussi.

– Je vais voir si je trouve quelque chose dans les poches, annonce Michael.

Il fouille comme il peut les restes de tissu.

– Il y a rien, là-dedans.

Rose, qui braque sans relâche son portable en direction de ses deux amis, commence à perdre patience.

– J'en peux plus, les gars. Il faut qu'on rentre. Avec ce cadavre sous les yeux, je crois que j'ai pas fini de faire des cauchemars. Et en plus, je sens que je suis en train d'attraper la crève.

Tout en parlant, elle balaye la fosse de son petit faisceau lumineux.

– Eh, les gars, je crois qu'il y a un truc par terre, au pied du cercueil. Rouge et blanc, j'sais pas ce que c'est...

Vel se glisse sous le chêne et remonte une boîte métallique. Une boîte de cookies aux couleurs presque effacées par le travail de l'eau et du temps conjugués. De la pointe de son tournevis, il détache la bande de papier-scotch assurant l'étanchéité, puis il lève le couvercle et, entre le pouce et l'index, sort un carnet en bon état.

– Éclaire-moi, Rose.

Il tourne la reliure vers la lumière et lit à voix haute :

– Juillet 1991 !

Sur les bouches, les sourires sont de retour.

Rose s'allonge au bord de la fosse et tend la main dans le vide.

– Allez, je vous donne un coup de main pour sortir, on remet la pierre en place et on rentre.

Dans la chambre des garçons, tous ont pris place sur le lit de Vel.

Posé sur la couette, le carnet est ouvert à la dernière page.

Quelques lignes aux caractères soigneusement calligraphiés.

Les derniers mots écrits par Margaret Abbey.

Sa promenade du matin, sa découverte de l'œuf. Sa décision de prendre contact sans attendre avec Mac Hanapech, au British Museum.

Et, pour conclure, notée avec soin, la phrase suivante : *Si le point de départ est presque identique à celui de l'arrivée, on peut dire que la boucle est presque bouclée.*

Concentrés sur leur découverte, les trois ados ne peuvent remarquer, dehors, face à la fenêtre, hissés sur une branche d'un des hêtres, l'ombre cramponnée de Dumbo.

– Alors, s'impatiente Ronald, obligé de rester au sol pour cause de bedaine proéminente. Qu'est-ce que tu vois dans tes jumelles ?

– Ils consultent le carnet qu'ils ont dû trouver dans la tombe.

Au pied de l'arbre, Ronald Crump sourit de la bonne tournure prise par les événements. Au plan machiavélique et redoutable, aussi, qu'il va maintenant pouvoir mettre en œuvre...

Jules Robert
Grade 9/Quatrième
14 ans
Français

CHAPITRE 15

Le garde-manger

8 heures 30

C'est un peu désespéré que Wilde sort de la chambre des garçons.

– Ze suis pas venu ici pour zouer les marmottes, miaule-t-il en poussant la porte de Rose.

Blottie sous sa couette, la jeune fille ronfle légèrement, plongée dans un sommeil profond.

– Bon, d'accord, z'ai compris ! Ze crois bien que ze vais me faire mon propre emploi du temps.

En débouchant dans la cuisine, il tombe nez à nez avec Macaron.

– Salut, Mac dog ! Bien dormi ?

– Yes, fiston. Comme un ours. Mais dis-moi, ça t'embête de m'appeler par mon nom ?

– No soucy, Mac Truc. Mais faut pas faire attention, z'adore donner des p'tits noms. Rien de méssant, mais ça m'amuze, et puis ça me fait travailler le langaze.

Wilde s'approche de sa gamelle et renifle d'un air méfiant.

– C'est quoi encore, ce truc. Z'ont oublié de le mettre à la poubelle, ou quoi ?

– Écailles de harengs au beurre d'anchois, déclare le chien. Une spécialité de la région. Fais pas la fine truffe, Wilde, les gens d'ici en raffolent !

– Ils font ce qu'ils veulent, les zens d'ici, mais moi, z'ai pas un estomac de viking, râle Wilde en se dirigeant vers le couloir. En attendant, ze vais dans le parc essayer de me soper un oiseau.

Il observe Macaron s'allonger sous la table.

– Dis, Mac Hapuche, tu crois que c'est l'heure de la sieste ?

Macaron ouvre un œil, un sourire malicieux aux babines.

– Tu sais, moi, je me lève à six heures. Alors, ma journée est déjà bien entamée. Petit tour du domaine, petite séance d'étirements sur le perron, sans oublier le nonos que je me suis enfilé.

Nonos ? se dit Wilde. Voilà qu'il cause comme un vrai débile, maintenant. C'est le neuneu du villaze, ou quoi ? Bon, ze préfère me taire. On m'a appris à être poli avec ceux qui nous reçoivent. Et puis, s'il n'a pas la lumière à tous les étazes, le pauvre, c'est peut-être pas sa faute...

Prudent, il tourne sept fois sa petite langue dans son palais et reprend la conversation.

– Dis, Mac Intosh, t'as bien parlé de nonos, ou z'ai rêvé ? Parce que nous, les minous, on est comme vous, il faut qu'on se fasse les dents.

Macaron se redresse sur ses vieilles pattes et fixe le chat droit dans les yeux.

– Oui, mon gars, j'ai bien parlé de nonos, et je peux te montrer un échantillon, si tu veux. Mais avec ton p'tit air de plus malin que les autres, arrête de me prendre pour un beauf de la cambrousse.

– Mais, z'te zure...

– Jure pas, mon gars, jure pas. Sois un bon minou et apprends à me connaître. Tu vas voir, je vais te surprendre. En préhistoire, par exemple, j'en connais un rayon.

Tout en causant, ils sont parvenus jusqu'à la porte d'entrée restée entrouverte. Dehors, un grand soleil fait miroiter le paysage recouvert de givre. Les deux compères descendent les escaliers, font leurs premiers pas dans l'herbe blanchie.

– Allez, aboie Macaron, en s'élançant sans prévenir. Suis-moi, le sudiste, on va voir si t'en as derrière les pattounes...

Au galop, ils traversent le parc, sautent au-dessus de la pierre tombale, franchissent le muret et dévalent les rues pentues du village. Une fois le lac en vue, Macaron s'enfonce dans le bois qui recouvre une des collines.

– Hey ! rugit Wilde à bout de souffle, pourquoi tu l'as pas ranzé à domicile, ton os ? Ça nous aurait évité le semi-marathon. Ze suis pas Speedy Gonzalez, moi[7].

– Un os comme le mien, ça se cache sérieux, le minou, répond Macaron sans cesser de courir. J'organise pas de self-service pour les collègues du quartier, si tu vois ce que je veux dire.

Macaron s'arrête net devant un grand chêne au tronc fendu d'une large entaille. Sans hésiter, il enfonce sa gueule dans l'écorce trouée et en sort un os de près d'un mètre de long. Fier de lui, le chien toise Wilde qui peine à reprendre son souffle.

– Alors, c'est de l'os de chochotte ?

Le petit chat s'approche, renifle et passe un petit coup de langue râpeuse sur le cartilage. Puis, il prend un peu de recul et observe l'objet avec attention.

– C'est dingo, ce truc ? Un bœuf zéant, un éléphant ? T'en penses quoi, toi ?

Macaron s'allonge, une patte posée sur sa prise, un peu comme on poserait pour une photo de chasse.

– Figure-toi, le chat, que je suis allé fourrer ma truffe dans la bibliothèque de mon maître. J'ai

7 Speedy Gonzalez, dans un célèbre dessin animé de la société de production américaine, Warner Bros, est la souris la plus rapide de tout le Mexique.

épluché tout ce qui peut nous informer sur les os de cette taille, et ma conclusion est simple : plésiosaurius.

– Et en British, ça donne quoi ?

– Plésiosaure, mon cher. D'après ce que j'ai lu, ça vient du Grec Plesios, qui veut dire proche, et de Saurus, qui signifie lézard. En fait, c'est un grand vertébré aquatique qui traînait dans le coin au début de l'ère jurassique, il y a environ soixante-dix millions d'années.

Quand je pense, songe Wilde, que je prenais ce chien pour un débilos, zenre croisé avec une pantoufle.

– Ze m'excuse d'être un peu terre à terre, Macaron, mais pour me faire les dents, t'aurais pas la taille en dessous ? Style zunior, si tu vois de quoi ze cause.

– J'en sais rien. Le mieux, c'est d'aller voir dans mon garde-manger.

– Garde-manzer ? C'est quoi encore, c't'histoire ?

Promptement, Macaron remise son os dans sa cachette et part au petit trot.

– Suis-moi, c'est à deux minutes. Par contre, là où on va, c'est mon secret. Je veux bien t'emmener, mais ça reste entre nous.

– Croix de pâté, croix de gruyère, si ze mens, ze vais direct en enfer.

Après dix minutes de grimpette dans la forêt, ils se retrouvent face à l'accès d'une sorte de gros terrier.

– Suis-moi, le minou, c'est par-là que ça se passe.

Macaron se glisse entre les branches qui obstruent l'entrée et disparaît dans l'obscurité.

– Attends-moi, rugit Wilde en s'engageant à son tour, ze suis pas spéléologue.

Très vite, la voie souterraine s'élargit et, après une minute de progression dans la pénombre, ils débouchent dans une vaste cavité. Sur la partie haute de la salle, une cheminée naturelle – conduit de pierres et de branches diverses – s'élance sur vingt mètres de haut jusqu'à l'air libre, offrant à l'endroit suffisamment de clarté pour s'y déplacer sans risque. Sur les parois, à traits ocres et noirs, des silhouettes d'animaux, d'hommes qui semblent être des chasseurs.

– Viens voir !

Wilde suit Macaron qui se glisse entre des blocs rocheux. Ils découvrent un espace plus grand encore, éclairé lui aussi par une cheminée naturelle. Au sol, des ossements par centaines. Vertèbres, mâchoires et fémurs géants.

– C'est pas un garde-manzer, c'est la foire aux vertèbres et aux canines XXL, ici. Un vrai vide-cimetière.

Wilde se balade entre les os et les restes de carcasses.

– Pas sûr que ze vais trouver quelque soze à ma taille. Ou c'est zigantesque, ou ça tombe en poussière.

– C'est dingue, marmonne Macaron dans ses babines, je t'emmène dans un endroit où les humains n'ont pas mis les pieds depuis des centaines de vies, et toi, tout ce qui t'intéresse, c'est de te blanchir les canines.

La phrase de Macaron fait l'effet d'une douche glacée. Comme un torrent qui lui secouerait les méninges. En quelques fractions de secondes, les mots de Vel lui reviennent à l'esprit. Lézard géant, dentition d'ours polaire...

– Ben alors, le chat, t'as l'air dans la lune. Je t'ai vexé ou quoi ?

Wilde, en un clin d'œil, revient sur terre.

– Non, du tout. C'est zénial, cet endroit. Tellement zénial qu'il faudrait que ze le montre à mes maîtres.

Le bleu des yeux de Macaron vire d'un coup au gris.

– Tu plaisantes, l'ami ! C'est un lieu secret, ici ! À part toi et moi, personne n'en connaît l'existence. Alors motus et gueule cousue, mon pote. C'est clair ou il faut te faire un croquis ?

En trois miaulements, Wilde explique à son complice l'histoire de l'œuf, la mère de Mac

Abbey, sa mort suspecte, l'enquête de ses maîtres qui progresse.

– Ce qui est sûr, Mac Dog, c'est que si cette grotte aide à découvrir la vérité sur la mort de la mère de ton maître, et pour peu que ça nous mène sur la trace de la bestiole du Loch Ness, tu vas devenir le clebs le plus célèbre de la planète. Et là, des os, tu vas pouvoir t'en payer des tonnes, mon beau. Tu peux me croire sur parole !

Les yeux ronds, Macaron n'a pas perdu une syllabe de son nouvel ami.

– Bon, d'accord, je te fais confiance. Mais dis-moi, tu sais que tu viens de prononcer une phrase à rallonge sans un seul zozotement. C'est dingo, non ?

Wilde, fronce les sourcils, à la recherche d'une explication.

– Ze crois que c'est quand ze veux convaincre. Tu sais, zenre avocat en plaidoirie.

Wilde lève le museau vers le haut de la grotte, là où le soleil parvient à percer.

– Tu crois qu'il est loin de midi ?

Macaron lève le menton à son tour.

– Vu la lumière qui arrive à s'infiltrer, il doit plutôt être dans les dix heures et demi. Ne me dis pas que tu as déjà les crocs !

– Non, c'est pas ça, rétorque Wilde en se dirigeant vers le chemin par lequel ils sont arrivés.

Mais si ze veux amener mes maîtres ici cet après-midi, faut peut-être pas traîner.

Vingt minutes plus tard, alors que le château est en vue, Wilde pose la question qui le taraude depuis son arrivée à Cawdor.

– Dis, Macaron, tu peux me dire ce que tu trimballes dans la gourde accrossée à ton cou ?

Le chien s'arrête net.

– C'est une recette des anciens, si tu veux tout savoir. C'est Mac Abbey en personne qui m'a initié.

D'un mouvement du cou, il fait glisser la gourde entre ses pattes. Entre les gencives, il coince le bouchon et tire d'un coup sec.

– Benriach 1965. Whisky de grande tradition : 53,7 degrés et 51 ans d'âge. Quand t'as froid ou que t'as le cafard, une p'tite rasade et c'est reparti !

D'un léger coup de patte, il fait glisser la gourde vers Wilde.

– Goûte-moi ça, mon pote. Du vrai jus d'Écosse !

Rébecca Maury-Liesse
Grade 10/Troisième
15 ans
Française

CHAPITRE 16

Drôle de voyage

10 heures 50

– Ze vous zure que c'est vrai. Des os partout. Des petits, des moyens, des grands, et puis des dents comme des défenses de rhino féroce.

Rose lève les yeux au ciel. Sceptique.

– Même que sur les rochers, insiste Wilde, il y a des peintures. Des zanimaux, des sasseurs, comme des dessins de débutants, zenre Picassiette, le peintre Espagnol.

– Rhino féroce, Picassiette ! s'esclaffe Rose. Dis, Wilde, tu t'entraînes pour un one-cat-show ?

– De toute façon, suggère Michael, on a rien de prévu aujourd'hui. Alors, ça peut être une bonne idée d'aller voir ça de plus près. D'autant que si on écoute Wilde, c'est la caverne d'Ali Baba qui nous attend...

– Et puis, renchérit Vel, si notre chat a raison, ce pourrait être la découverte du siècle !

Sans compter que ça pourrait nous fournir un embryon d'explication pour l'œuf de Mrs Abbey, et même pour Nessie.

Rose hausse les épaules, se lève et enfile son anorak.

– C'est bon, les mâles. Trois contre un, je me rends.

Vel, poussé par l'impatience, est déjà à la porte, à se balancer d'un pied sur l'autre.

– On descend au frigo se préparer un p'tit casse-dalle pour ce midi et on file !

Wilde se faufile entre les jambes de son jeune maître et descend les escaliers en trombe.

– Banco pour les sandwisses. Il y a un paquet de harengs qui m'attend. Z'en ai dézà l'eau à la truffe.

À l'entrée de la cuisine, Macaron se pourlèche les babines après la plâtrée qu'il vient de s'envoyer. Zen, il laisse la petite bande investir le frigo, puis, prenant un air de spécialiste, il se tourne vers Wilde.

– Hey, le chat, dis à ton groupe de scouts de passer la vitesse supérieure, sinon, le temps qu'on arrive sur place, le soleil sera sur le point de se coucher, et on y verra que pouic dans ma grotte.

– Wilde, c'est encore loin ? tonne Michael, parce que mon sac à dos pèse une tonne et que j'ai une faim de loup. C'est vrai, quoi, on a même pas eu le temps de se prendre le breakfast !

Wilde, quelques mètres devant lui, se retourne.

– Et si t'arrêtais de râler ! Pense à mes p'tites pattes, ça fait deux fois qu'elles font le voyaze aujourd'hui.

Il est treize heures passées quand le groupe dépasse le chêne fendu où Macaron a dissimulé son dernier os. Une brume a commencé à s'installer en fin de matinée et, depuis, le soleil semble jouer à cache-cache. En contrebas, le brouillard enveloppe les rives du Loch Ness d'une vapeur scintillante, tandis que sur les collines boisées qui surplombent ce côté-ci du plan d'eau, une pénombre humide s'installe entre les arbres. Entre deux rochers, dissimulée par des branchages, une ouverture dans laquelle se faufile Macaron, bientôt suivi de Wilde.

Les trois ados le rejoignent et, après avoir déblayé les branches et les brindilles, se penchent vers la pente sombre qui s'incline devant eux. Les miaulements de Wilde, un peu assourdis par la distance, ne manquent pas de les encourager.

– Allez, go ! décrète Michael en s'enfonçant le premier, sa torche braquée devant lui.

Après une bonne minute de progression à genoux dans la pénombre, la galerie s'élargit nettement et finit par déboucher sur une cavité infiniment plus vaste. Les trois ados, stupéfaits, s'assoient sur la première pierre. Autour d'eux, sur les parois rocheuses, des scènes dessinées à gros traits noirs. Des bêtes cornues, des chevaux, une licorne. Des corps énormes de taureaux vus de profils, des hommes armés de bâtons et de flèches. Au centre de la salle, des restes d'ossements. Des os gigantesques, plutôt bien conservés, et d'autres encore, presque réduits en poussière.

– Je crois qu'il ne faut toucher à rien, murmure Vel.

Rose a déjà sorti son bloc-notes et un crayon.

– T'inquiète, Vel, je me cale dans un coin et je dessine un maximum de choses. Tu ne te rends pas compte, un endroit pareil, c'est une fois dans notre vie.

– J'ai l'impression qu'on est dans une authentique grotte préhistorique, non ? s'interroge Michael.

Vel sort son portable, enclenche le flash et commence à mitrailler sérieusement.

– Une impression ? Tu plaisantes, c'est un sanctuaire, une vraie galerie d'art. Sans compter la taille incroyable de ses ossements. Je crois qu'on est tombés sur un truc rarissime, Michael. Peut-être même une découverte à dimension mondiale.

Tandis que Vel photographie minutieusement chaque dessin, chaque scène de chasse, chaque ossement, Michael s'assoit dans un coin et parcourt le dernier carnet de bord de Margaret Abbey qui ne quitte plus sa poche.

Il lit les descriptions de fleurs aux pétales orange, la brume de ce matin de juillet 1991. Il parcourt les quelques mots qui relatent la promenade, puis l'extraction de l'œuf repéré dans une faille rocheuse, à moitié immergée. Sur la dernière page, fidèlement dessinée, la trouvaille incroyable du jour.

Et puis, en conclusion une phrase pour le moins énigmatique : *Si le point de départ est presque identique à celui de l'arrivée, on peut dire que la boucle est presque bouclée.*

– Qu'est-ce que tu ronchonnes, Michael ? s'inquiète Vel.

L'autre lève la tête du carnet.

– Rien. Je lisais la dernière phrase écrite par Margaret Abbey. Un vrai mystère.

Rose, à son tour, relève la tête.

– Et elle dit quoi, cette phrase ?

Michael détache chaque syllabe.

– Si-le-point-de-départ-est-presque-i-den-tique-à-ce-lui-de-l'a-rri-vée-la-boucle-est-pres-que-bouclée.

Dans la caverne, la voix de Michael résonne étrangement.

– Tu peux la refaire, Michael ? insiste Vel. On se croirait dans une cathédrale.

Michael renouvelle l'opération. Tout en lisant, il écoute sa voix remplir l'espace, les sons se perdre au loin tout en s'amplifiant ; l'exact opposé de la naissance d'un écho. Comme si le son s'amplifiait contre les parois avant d'être absorbé, avalé par la roche.

Soudain, après le dernier mot, le sol se met à trembler. Autour du groupe, les murailles de pierres commencent à danser tandis qu'un vent glacial envahit la grotte.

Wilde, paniqué, se jette dans les bras de Vel.

– C'est quoi, ce truc ? Un tremblement de terre ? Ze le savais que la spéléolozie, c'était pas pour moi.

Brutalement, une tempête s'abat sur la caverne. Un orage de poussière, de branches et d'os projetés en tous sens. Les trois adolescents se jettent au sol, se recroquevillent comme ils le peuvent. Des fragments rocheux tombent autour d'eux, tandis qu'à la verticale, la cheminée de pierre s'obstrue d'un coup, plongeant la grotte dans une quasi obscurité.

Et puis, tout s'arrête en quelques secondes. Comme ça a commencé. Couvert de terre, Vel se redresse et s'assoit sur un morceau de branche. Il allume son portable, braque le faisceau autour de lui.

– Ça va, vous allez bien ?

– Je suis OK, rassure Rose, un peu plus haut, blottie dans un creux de la roche.

Vel regarde autour de lui.

– Michael, t'es où ?

À vingt ou trente mètres, retentit la voix de son frère.

– Je suis là, venez ! Reprenez le chemin par lequel on est arrivés. Grouillez, ça vaut le coup d'œil.

En moins d'une minute, Rose et Vel rejoignent Michael, allongé face à l'ouverture par laquelle ils sont entrés. Dehors, la vue s'est dégagée, comme si les arbres avaient subitement disparu. À même pas cinquante mètres, l'eau scintille sous un soleil radieux.

– Il y a quelque chose qui a changé, s'inquiète Rose, où je rêve ?

Vel n'en croit pas ses yeux. Devant eux, dévalant jusqu'au lac, une pente couverte de glace. Surplombant les eaux, le ciel est d'un bleu infini, dépourvu de nuages. Michael, d'un revers de manche, se frotte les yeux. Il remarque la buée au sortir de sa bouche, puis remonte la fermeture de son anorak jusqu'au menton.

– Vous allez penser que je suis dingue, déclare l'adolescent, mais je crois qu'en quelques minutes, on est passé directement de l'Écosse au Pôle Nord.

Vel écarquille les yeux, établit mentalement la liste des bouleversements opérés depuis qu'ils sont entrés dans cette fichue grotte. La disparition de la végétation, l'épaisseur blanche qui recouvre le sol, la température qui, en quelques minutes, semble avoir chuté d'une dizaine de degrés. Et la pensée qui lui vient lui semble tellement folle qu'il n'ose même plus ouvrir la bouche.

– Qu'est-ce tu as Vel ? s'inquiète Rose, on dirait que tu es pétrifié.

– Si vous voulez tout savoir, on est en plein hiver polaire. Mais pas que...

– ???

– On a changé de saison. Comme si l'hiver s'était brusquement aggravé. Mais ça n'est pas le plus important. Le pire, c'est qu'on a aussi changé d'époque.

– Tu veux dire qu'on a changé de siècle ? bredouille Rose. Comme à Londres, l'année dernière[8] ?

– Pas tout à fait, Rose. Je crois que cette fois-ci, on a peut-être changé d'ère.

Comme pour lui donner raison, à une centaine de mètres, un remous puis, émergeant soudainement des eaux, un lézard de la taille d'un dinosaure.

– D'ère ? Comment ça ? Je ne comprends rien à ce que tu racontes.

8 Voir *Jack l'Éventreur, le retour*, Éditions Paul et Mike.

Vel suit du regard l'évolution du monstre qui plonge, disparaît avant de réapparaître quelques secondes plus tard. Sur les lèvres de l'adolescent, des mots insensés.

– On est remontés plus de soixante millions d'années en arrière. En plein ère glaciaire !

Sur la gauche, un hurlement attire leur attention. Une bête d'environ six à huit mètres sort de l'eau et rampe sur la berge. Du bout de la gueule, elle dégage un amas de branches qui met en évidence trois œufs d'une quarantaine de centimètres.

– Un plésiosaure ! s'exclame Vel.

– Et là, hurle Rose en pointant la scène du doigt, vous avez vu ces œufs ? Pareils que ceux...

– Regardez ! coupe Michael, en indiquant la direction opposée.

Sur la droite, longeant la berge, un monstre haut de dix mètres avance rapidement vers le plésiosaure. Le combat qui s'engage est terrible. Les corps puissants fendent l'air. Chaque bête rugit, mord, griffe.

Inférieur en taille, le plésiosaure se jette dans un corps à corps désespéré. Finalement, face à la masse de son adversaire, il se glisse dans l'eau et semble battre en retraite, abandonnant derrière lui les trois œufs convoités. Mais, ce n'est qu'une feinte. Dans un mouvement d'une rapidité extrême, il fait rouler les œufs jusqu'au lac, et entraîne avec lui un des précieux œufs. Laissant les deux autres flotter à la dérive.

Rose, enthousiaste, ne peut se retenir d'applaudir des deux mains.

Sur la rive, le monstre préhistorique tourne la tête vers l'entrée de la grotte.

– Je crois que j'ai fait une bêtise, murmure Rose.

Comme pour confirmer son impression, l'animal se met à grimper la pente en direction du petit groupe. En moins d'une minute, les trois adolescents se retrouvent au centre de la salle souterraine. À trente mètres d'eux, les hurlements de la bête qui, à coup de griffes dans les branchages, tente de se frayer un chemin.

– Ze veux pas vous affoler, insiste Wilde, mais ze crois vraiment que ça urze. Si vous avez un truc pour revenir direct au ssâteau du vieux sstroumpf, ze suis preneur.

Michael, conscient que la lecture de la phrase de Mrs Abbey a enclenché leur voyage dans le temps, relit chaque mot à voix haute. Mais rien ne se produit. Pas le moindre tremblement du sol, et les rugissements se rapprochent un peu plus.

– Essaye dans l'autre sens, Michael, suggère Vel.

– Comment ça ?

– Lis la phrase à l'envers !

Un peu plus haut, le dinosaure est parvenu à dégager le tronc qui lui barrait la route.

– Clée-bou-que-pres-est-cle-bou-la-vée-rri-l'a-de-lui-ce-à-tique-den-i-que-pres-est-part-dé-de-point-le-si !

Alors que le monstre menaçant avance dans la grotte en hurlant, subitement, tout se met à tourner. Comme dans un manège lancé à mille à l'heure, le gris de la pierre se fond avec le bleu du ciel, le lac se transforme en nuage et, dans ce tourbillon d'air et d'eau, il n'y a plus de sol, plus de terre. Tout devient rafales, bourrasques, tempête.

Puis tout s'interrompt brusquement.

Vel ouvre les yeux. Au-dessus de lui, par la cheminée naturelle creusée dans la pierre, le jour semble toucher à sa fin.

– Il fait drôlement froid d'un seul coup, fait remarquer Rose en boutonnant sa doudoune.

Autour d'eux, les ossements. Sur les parois, dans la pénombre, les scènes de chasse. Michael se redresse à son tour, regarde autour de lui.

– Hey, je crois qu'on a un gros problème. On a laissé Macaron sur place.

Vel glisse deux doigts entre ses lèvres et siffle un bon coup.

– Macaron ! Macaron ! hurle Rose.

– Moi, ze l'ai vu, miaule Wilde. Juste avant la bataille des monstres, il était au bord de l'eau avec un gros os entre les dents. Après, ze crois qu'il s'est planqué dans les fouzères.

Michael enfile sa capuche et se dirige vers la sortie.

– Il faut qu'on rentre, il va faire bientôt faire nuit.

– Et Macaron ? proteste Rose.

– Quoi, objecte Michael. Tu veux retourner là-bas ?

Face à la mine déconfite de son amie, il lui tapote gentiment la joue.

– On ne peut rien faire Rose. C'est comme ça, il finira sa vie de chien dans la préhistoire. Vaut mieux ça que de se faire écraser sur la route, non ?

– Oui, peut-être. Mais bon, se faire écrabouiller par un dinosaure, c'est pas terrible, non plus.

Une fois dans le sous-bois, tous trois hâtent le pas en direction du château.

Wilde, fatigué de sa journée, s'est perché sur le sac à dos de Michael.

– Moi, ce qui me ssifonne, c'est pas que le pauvre Macaron soit devenu préhistorique, parce que ze suis sûr qu'il va s'en sortir, zenre ssien des cavernes. Non, ce qui me tracasse, c'est le vieux du ssâteau. Ze vous dis pas le ssagrin qu'il va avoir...

Pilar Mejica
Grade 10/Troisième
15 ans
Argentine

CHAPITRE 17

Une promenade romantique

22 heures

Ce soir, dans le ciel, c'est un cocktail d'étoiles et de traînées furtives et luisantes. Il est vrai qu'au nord de l'Europe, les astres aiment laisser leur signature. Aussi, entre les comètes filantes, on peut distinguer un peu de rose et de noir, comme si la nuit avait revêtu ses habits de soirée.

Pendant le repas, plutôt vite expédié, Mac Abbey s'est inquiété de l'absence de son chien. Les trois ados, le nez dans leur assiette, ont gardé le silence. Même Wilde, le museau plongé dans sa gamelle, s'est abstenu de tout commentaire.

Peu après vingt et une heures trente, chacun, un peu sonné par les événements de la journée, a regagné sa chambre.

Rose ouvre sa fenêtre sur le froid du soir. Elle regarde le ciel et ses caprices colorés. Elle n'a qu'une envie, c'est de sortir bien emmitouflée et de dessiner la voie lactée sous tous les angles. Le meilleur endroit, elle en est persuadée, est le lac du Loch Ness. La magie du lieu, le calme des eaux, l'absence de pollution lumineuse, tout semble y être réuni pour une observation optimale des cieux. Certes, la présence du monstre pourrait la faire reculer. Mais depuis qu'elle a vu le plésiosaure défendre ses œufs, sa crainte de la bête s'est estompée. Au fond d'elle-même, elle est persuadée que, à l'instar de la plupart des espèces animales, celle-ci, comme les autres, vit plus dans la crainte qu'autre chose.

Elle demanderait bien à Michael de l'accompagner dans cette petite aventure nocturne, mais la simple idée d'être seule avec lui au milieu de nulle part, la rend un peu nerveuse. Une petite voix intérieure lui susurre qu'il faut bien une première fois à toute chose, que si on se contente d'attendre, rien ne survient vraiment et patati et patatère...

Elle se demande ce que Michael répondrait à son invitation et puis, finalement, décide de vaincre son appréhension et d'aller le chercher dans la chambre des garçons. Pendant ce temps, dans la tête de Michael, les pensées vont bon train. Impossible ce soir de se concentrer sur l'écriture d'un poème. Il a d'abord mis ça sur le compte des rebondissements de l'après-midi, mais finalement, il a dû ouvrir les yeux sur ce qui le troublait : Rose.

Rose. Mignonne, gentille, sympa, toujours partante. Comme une sœur, mais avec un truc en plus. Par la fenêtre, Michael a noté les couleurs particulières du ciel. Il se dit qu'une balade avec Rose serait une bonne idée. Enfiler les anoraks et les bonnets puis filer près du lac. Elle à dessiner le ciel, lui, crayon en main, à se laisser guider par l'inspiration.

– Bon, je compte jusqu'à trente, décide-t-il. Si rien ne se passe, c'est moi qui bouge.

Vel, lui, est assis sur son lit, entouré de livres, de classeurs et de fiches. Sur son bloc-notes ouvert, il répertorie chaque élément collecté depuis leur arrivée au château. Une fois la liste posée sur papier, il retrace la chronologie des faits, met bout à bout les événements les uns derrière les autres, sans autre lien que le point ou la virgule qui les séparent.

Il y a plus de soixante-cinq millions d'années, un œuf de plésiosaure se retrouve à la dérive. Depuis près d'un siècle, les gens prétendent avoir vu un monstre marin dans les eaux du Loch Ness ; il y a vingt-cinq ans, Maggie Abbey découvre au bord du lac un œuf d'une quarantaine de centimètres, quelques jours plus tard, elle est retrouvée assassinée sur la plage de Stone beach; il y a trois semaines, un pêcheur et son fils sont également retrouvés morts sur la même plage; dans la chambre de Margaret Abbey, Michael, Rose et moi avons trouvé l'œuf caché dans les entrailles d'un manchot empaillé; dans le cercueil de la vieille, on a mis la main sur le carnet manquant où Mrs Abbey raconte les circonstances exactes de sa trouvaille; cet après-midi, guidés par Macaron, on a découvert une grotte vraisemblablement préhistorique, et par un phénomène encore inexplicable, nous nous sommes tous retrouvés propulsés en plein Jurassique, témoins d'une bagarre de dinosaures et d'un œuf partant à la dérive...

– Tu fais quoi, Vel, un roman?

– Non, mec. J'aligne les faits dans l'ordre de leur déroulement, histoire d'y voir un peu plus clair.

Intrigué de voir son frère tout habillé, il fronce les sourcils.

– Et toi, tu vas où comme ça?

– Je vais faire un petit tour dehors.

Michael referme derrière lui et se dirige vers le couloir plongé dans la pénombre.

– Oh, ce que tu m'as fait peur! hurle Rose.

– Excuse, je ne t'ai pas vu arriver non plus. Et tu vas où, comme ça?

Rose n'ose pas se jeter à l'eau.

– En fait, j'arrive pas trop à dormir. Du coup, j'allais faire un p'tit tour dans le château.

– En doudoune ?

Elle avale sa salive, tente d'oublier la sueur sur son front, le rouge qui lui gagne les joues, et finalement se lance.

– En fait, j'avais envie d'aller dessiner le ciel, genre au bord du lac. Mais comme il fait nuit et que je ne suis pas vraiment du genre téméraire, je me disais que si tu voulais m'accompagner...

Une petite demi-heure de marche, côte à côte, sans presque échanger de mots.

Après la descente sur le lac, ils dépassent la plage de Stone beach et poussent un peu plus loin.

– Tu sais qu'il y a des jours où la chance sourit aux aventuriers ? s'exclame Michael en s'immobilisant.

– Pourquoi tu dis ça ?

À trente mètres à peine, dissimulée derrière deux gros arbres, une barque en bois. Ils s'approchent et constatent l'état convenable de l'embarcation.

– On va la tirer jusqu'à l'eau. Si tu veux dessiner le ciel, je crois qu'au milieu du lac, le point de vue sera génial.

Elle n'en croit pas ses oreilles. N'ose même pas aborder le sujet du monstre de peur de passer pour une idiote. Mais surtout, si elle choisit de se taire, c'est juste par crainte de le faire renoncer à cette promenade inespérée.

– Si tu le dis...

Quand, deux minutes plus tard, les rames en main, Michael voit la berge s'éloigner, il ne peut s'empêcher de songer à ces millions de mètres cubes d'eau noire, impénétrable, sur laquelle progresse leur rafiot de fortune.

Assise face à lui, sourire et buée aux lèvres, Rose le regarde comme le héros de la soirée.

Une fois au milieu du lac, Michael range les rames à l'intérieur de la barque.

Au-dessus d'eux, la voûte céleste, à la fois sombre et ponctuée de millions d'éclats. Tout autour, une brume nocturne commence à se répandre sur les eaux noires.

Rose ouvre son carton à dessin, libère une feuille, se concentre sur la géométrie ordonnée du ciel.

– On est bien là, non ? sourit Michael.

Comment lui dire qu'elle ne s'est que rarement sentie aussi bien ?

La nature et le ciel en cadeau et, avec elle, le garçon qui lui plaît depuis si longtemps...

– C'est génial, Michael. Divin...

Michael ouvre son carnet, ferme les yeux, en quête d'inspiration. Très vite, il prend conscience qu'il lui est impossible de se concentrer. Cette nuit, ses pensées tendent vers autre chose que la poésie. Une irrésistible attirance, une envie de passer un bras autour de ses épaules, de la regarder dans les yeux et...

Rose a toutes les peines du monde à maintenir son esprit sur les étoiles. Ce soir, tout son être tend vers autre chose que le dessin. Une envie folle qu'il s'approche d'elle, tente un geste protecteur, et là... Il lui semble même que, les yeux fermés, elle profiterait mieux du moment. À la barque qui tangue, elle devine qu'il se lève. Elle se mord les lèvres d'impatience, compte les secondes.

Pendant ce temps, vingt mètres plus bas, une masse sombre ondule et remonte à grande vitesse vers l'embarcation. Entre les écailles, deux petits yeux luisants sont rivés à la surface des eaux. Ils n'ont repéré ni lueurs, ni faisceaux. Rien d'aveuglant, rien d'agressif, non plus. Pas d'êtres à combattre en vue. Rien, si ce n'est la tache que forme la barque, là-haut.

Sur la gauche, à deux mètres à peine, un chapelet de bulles perce la surface.

Puis, un choc violent fait se soulever la barque qui retombe dans un claquement sec.

Michael bascule sur le côté, manque de passer par-dessus bord. Rose a hurlé. Son croquis flotte à la surface.

– Allonge-toi au fond, Rose !

Le jeune garçon saisit les rames et souque comme un galérien. Sur la surface plane du Loch Ness, les rames plongent dans l'eau en cadence. À travers la brume, Michael distingue la plage de galets où ils ont embarqué. Ils prient le ciel, et tous les saints du monde, que la bête ait abandonné sa chasse. Qu'elle leur laisse une chance... Recroquevillée, Rose ferme les yeux. Elle compte les secondes, interminables, les coups de rames, les expirations saccadées de Michael. Elle s'en veut de les avoir entraînés jusqu'à ce maudit lac. En attendant le grincement salutaire de la barque sur les premières pierres, elle s'efforce de ne pas penser au monstre qui peut s'abattre sur eux à tout instant.

Ce qu'ils ne peuvent deviner, cinquante mètres sous eux, c'est l'ombre massive et souple qui s'enfonce dans les profondeurs.

Philippe Kouzmenko
Grade 10/Troisième
16 ans
Russe

CHAPITRE 18

Sous la pleine lune

23 heures

Vel n'arrive pas à dormir. La pleine lune, ajoutée à leur après-midi de folie, lui rend le sommeil impossible. Il se redresse sur son lit. Visiblement, Michael n'est pas encore rentré de sa promenade. Vel tente d'imaginer son frère et Rose, au bord du lac, à regarder la nuit. Chacun un peu crispé, un peu ballot à attendre que l'autre se décide à prendre l'initiative...

Puis ses pensées le ramènent à ce qui le tracasse depuis tout à l'heure. Cette double question qui l'obsède et à laquelle il lui faut trouver une réponse : par quel procédé la phrase écrite par Margaret Abbey peut-elle ouvrir les portes du temps et assurer le voyage retour quand on la lit à l'envers ? Comment la vieille dame a-t-elle découvert cet agencement de mots aux pouvoirs incroyables ?

À l'instar de Michael, qui avait la certitude d'être passé à côté de quelque chose d'important dans la chambre de Mrs Abbey, Vel est persuadé d'avoir négligé une piste quand ils ont fouillé le cercueil. Mentalement, il revient à la pierre tombale. Quand Michael a déniché le carnet manquant, ils ont cessé immédiatement les recherches. Quelques secondes auparavant, bloquée entre les chaussures de la défunte, Vel avait remarqué la présence d'une pierre. Un gros caillou gris qu'il avait retourné face au faisceau de son portable. Au feutre était inscrite cette date : *06 91.*

Puis, gravée à même le grès, une série de bâtonnets disséminés en groupes inégaux. Il se revoit poser la pierre et remonter précipitamment à la surface.

Vel se lève et ouvre l'armoire de Michael. Glissé entre deux jeans, le dernier carnet de Margaret Abbey, datant de juin 1991.

Il allume sa lampe de chevet et lit attentivement chaque page.

Quand il parvient à celui du 21 juin, l'excitation s'empare de lui.

Aujourd'hui, jour du solstice d'été.

Ce matin, lors de ma promenade au bord du lac, j'ai buté sur une pierre que le « hasard » avait placée sur mon chemin. Un caillou gris de la grosseur d'une demi-brique. Côté face, l'irrégularité caractéristique des pierres, côté pile, une surface plane comme celle d'une ardoise. Grossièrement gravées, des séries de bâtonnets, par groupes de deux, trois, voire davantage. Des centaines de petits traits ordonnés.

J'ai déposé la pierre dans mon sac. Ce soir ou un autre jour, je me pencherai sur ces étranges signes, tenterai de déchiffrer cette mystérieuse calligraphie géométrique...

Pas le choix, se dit Vel, il faut que j'y retourne. Il s'habille en vitesse et quitte la chambre. Dans le couloir, puis l'escalier qui mène au rez-de chaussée, le jeune garçon adopte naturellement son allure caractéristique : le poids du corps reposant sur la pointe des pieds, les bras un peu raides, les poings fermés et le bassin, jusqu'au visage, légèrement incliné vers l'avant.

Une démarche particulière, la sienne, comparable à celle des *vélociraptors*. Sa manière à lui de se déplacer, objet de tant de railleries durant son enfance. Des moqueries sans fin. Jusqu'à son vrai prénom, Julian, oublié de tous et remplacé par ce diminutif un peu préhistorique, *Vel*, qui représente bien plus qu'un sobriquet : sa véritable identité.

Vel n'allume pas, il se laisse guider par les lueurs de la lune. Le long des murs, d'imposantes armures semblent le suivre du regard. Des portraits d'ancêtres aussi, telles des sentinelles muettes. Il hâte le pas jusqu'à la porte d'entrée, déverrouille et se propulse dans l'air vivifiant de la nuit.

Soulagé d'être parvenu à sortir sans encombre, il s'adosse au bois de la porte. Dehors, tout est calme, figé sous le gel qui fait luire le gazon du parc. Soudain, juste au-dessus de lui, une lumière. Cela provient de la chambre de Mac Abbey. La fenêtre s'ouvre. Vel se plaque contre le mur, entend le châtelain émettre un sifflement strident. Quelques secondes de silence avant que le vieil homme n'assemble ses mains en porte-voix pour héler son chien.

Quand Vel entend la fenêtre se fermer, il laisse aux battements de son cœur le temps de retrouver leur régularité. Puis il longe avec précaution le mur sur la gauche et, une fois parvenu à l'extrémité du bâtiment, traverse la portion nord du parc jusqu'au cabanon de jardin.

Dissimulés derrière le muret de pierres qui délimite la propriété, Ronald et Dumbo Crump n'en croient pas leurs yeux. Cela fait trois heures qu'ils montent la garde, et ils ont vu Michael et Rose sortir du château et prendre la direction du village. Ronald a décidé d'attendre jusque minuit, l'heure du premier sommeil, pour s'introduire dans la bâtisse, dénicher le jeune ado dans sa chambre, l'estourbir d'un bon coup de matraque et l'emmener en lieu sûr.

Quant au chien, s'il a le malheur de se réveiller, un coup de couteau bien placé fera l'affaire.

À vingt-trois heures trente, Ronald quitte la position en rampant.

– Ça fait trois heures qu'on se les gèle, j'en peux plus. Je vais briser un des petits carreaux de la cuisine, je monte là-haut m'occuper du gamin et on se rentre.

– Et le chien, tente d'objecter Dumbo, t'en fais quoi ?

– C'est justement là que tu interviens, mec.

Il fouille dans les poches de sa veste, en extirpe un vrai couteau de chasse.

– Tiens, ce truc, c'est pour toi. Si le chien se pointe, avant même qu'il se mette à aboyer, tu lui plantes la lame dans la gorge ou la poitrine.

Brusquement, Dumbo s'accroupit derrière le muret, imité dans la seconde par son frère.

– Regarde, chuchote le grand maigre, je crois que le troisième larron vient de sortir.

Le gros Ronald se hisse jusqu'à poser son triple menton sur la dernière rangée de pierres. À trente mètres à peine, Vel, les mains encombrées des outils qu'il a récupérés au garage, traverse le parc en direction de la pierre tombale.

– Apparemment, il est équipé pour creuser. Bon, on le laisse faire, on observe et on le chope après.

Enfoncer le tranchant de la pelle dans l'interstice pour faire levier, soulever la pierre tombale de quelques centimètres, y glisser le pied de biche, pousser la pierre du genou, puis recommencer. Après dix minutes d'effort intense, une petite ouverture se dessine, triangle sombre découpé dans l'herbe. Vel allume son mobile et se laisse chuter. Sans difficulté, il pousse le couvercle du cercueil.

Entre ce qui reste des souliers, il récupère la pierre repérée la veille et la glisse dans une poche de son anorak. Il repose soigneusement le couvercle du cercueil, grimpe dessus, fait un petit saut de cabri et, dans un joli mouvement de reins, se retrouve assis sur la margelle du caveau. Alors que Vel reprend son souffle avant de remettre le marbre en place, il note que flotte dans l'air, un parfum étrange. Comme un mélange de cheeseburger et de chewing-gum à la menthe.

Pas le temps de se retourner, ni d'entrevoir les deux ombres tapies derrière lui. Sur son crâne, la douleur est intense, suivie d'une projection d'étoiles. La nuit l'enveloppe, plus noire encore que la fosse mortuaire qu'il vient de quitter.

Marcus Stein
Grade 9/Quatrième
14 ans
Norvégien

Abtin Darabi
Grade 9/Quatrième
14 ans
Belge

CHAPITRE 19

Cauchemar

1 heure 30

Ils ont marché sans dire un mot. Se sont éloignés du lac, ont rejoint les premières maisons de Cawdor. À l'entrée de la bourgade, Michael a ralenti le pas. Il a saisi la main de Rose, a laissé leurs doigts s'entremêler.

Après avoir franchi la grille du château, ils se sont assis sur le perron.

– Je crois qu'il faut qu'on se calme, commence Michael. Sinon, on n'est pas près de s'endormir.

Elle lui lâche la main, se penche un peu, repose la tête sur l'épaule de son ami.

– Tu as raison, Michael. J'ai le cœur qui bat encore à mille à l'heure.

Elle ferme les yeux, laisse passer quelques secondes.

– Mon idée d'aller au lac était vraiment idiote. Je suis désolée...

– Tu sais, de prendre une barque pour aller se planter au large, c'était pas mieux. On s'en est sortis, alors il vaut mieux penser à autre chose. Et puis, pour se consoler, il suffit d'imaginer la tête de Vel quand on va lui raconter qu'on a frôlé le monstre du Loch Ness de si près...

Dans leur dos, le miaulement de Wilde. Le petit chat blanc et roux les contourne, s'allonge sur une marche.

– Toi non plus, tu ne dors pas, mon chat ? interroge Michael.

– Si, si, ze dormais. Ze viens de me réveiller, mais comme z'ai vu que personne n'était rentré, ze suis descendu. Et comme la porte était mal fermée et que z'ai entendu parler, ze suis venu voir ce qui se passait.

Rose regarde le chat, un peu surprise.

– Vel n'est pas là-haut ?

– Non, z'te zure. Ze crois même que tout à l'heure, avant que ze plonze pour de bon, z'lai entendu sortir de la ssambre.

Michael se lève d'un coup.

– C'est bizarre, ça... On va faire le tour du château. Peut-être qu'il s'est endormi quelque part.

Une demi-heure plus tard, bredouilles, ils regagnent la chambre des garçons. Rose, sans hésiter, ouvre le placard de Vel.

– S'il a pris son anorak, c'est qu'il est sorti pour rester dehors un moment, s'exclame-t-elle. Mais où est-ce qu'il a pu aller à cette heure-ci ?

Michael se dit que si son frère avait pris la route du lac, ils n'auraient pas manqué de le croiser.

– S'il a voulu vérifier quelque chose, il n'y a que deux endroits où il a pu retourner.

– La grotte de Macaron, laisse échapper Rose.

– Oui. Et la tombe de Margaret Abbey. C'est le seul endroit qu'on est pas allés voir.

C'est au tour de Rose de se lever d'un coup.

– Allez, on commence par la tombe.

Michael ne peut s'empêcher de sourire face à l'énergie retrouvée de son amie.

Entre les bouleaux, le marbre, glissé sur le côté.

Dans l'herbe, les outils nécessaires pour ouvrir la tombe.

Michael s'agenouille et, à l'aide de son portable, inspecte le trou, scrute à distance le cercueil au couvercle refermé.

Rose reste debout, comme figée.

– Là, sur la pierre tombale. Regarde, il y a des taches bizarres.

Michael braque son faisceau. Il glisse un doigt sur les quelques marques sombres.

– C'est du sang ?

– Je crois, oui.

– Mon Dieu, Michael ! Qu'est-ce qui s'est passé ? Tu crois qu'on l'a enlevé ?

La tombe ouverte, les outils éparpillés, le sang sur la pierre, sans compter les traces de pas, nombreuses sur l'herbe givrée.

Michael prend Rose dans ses bras.

– C'est possible, Rose. Mais t'inquiète, Vel a toujours eu une bonne étoile.

Il ramasse les outils, s'agenouille près du trou. Au creux de son ventre, une boule s'est installée. Une angoisse soudaine qu'il va lui falloir gérer le plus discrètement possible, sous peine d'entraîner Rose dans une spirale d'affolement.

– Donne-moi un coup de main. On referme et on rentre se coucher. Ça se trouve, demain matin, Vel sera de retour...

Au même moment

C'est l'odeur du charbon qui le réveille. Le froid, aussi, qui lui glace les os.

Il ne lui faut pas plus de quelques secondes pour réaliser qu'il est ligoté comme un jambon de pays. Même sa bouche est immobilisée sous un large morceau de scotch. Ses yeux s'habituant à la pénombre, il finit par distinguer, face à lui, un escalier de bois. En haut des marches, sous la porte, un rai de lumière blanche lui fait comprendre qu'il est dans une cave.

D'où il se trouve, lui parviennent des odeurs de cuisine. De la viande qui grille et de la friture, il en mettrait sa main à couper. Bientôt résonnent les gargouillements de son ventre. Des voix, lointaines aussi, qui proviennent de l'étage au-dessus. Il ferme les yeux, songe à Michael et Rose qui ont dû se rendre compte de sa disparition. Dès le lever du jour, aidés de Wilde, ils se mettront à sa recherche. Malins comme ils sont, ils ne tarderont pas à retrouver sa trace.

Alors qu'il s'apprête à sombrer dans le sommeil, là-haut, la porte s'ouvre. L'ampoule qui pend au plafond lui fait aussitôt cligner les yeux. À la vue des deux types qui descendent, Vel se demande s'il n'a pas été catapulté dans un film de Laurel et Hardy. En tête, un pachyderme en salopette et chemise kaki. Un bide style bonhomme Michelin, des doigts comme des saucisses et un menton-triple-couches, genre pélican-glouton. Deux marches au-dessus, perdu dans une salopette verte, un type épais comme un piquet de bois. Des joues creuses comme si elles étaient mangées de l'intérieur, un nez qui flirte avec sa lèvre supérieure et des doigts, longs et minces, qui rappellent ceux de Margaret Abbey dans son cercueil.

Le gros se baisse vers lui et, d'un coup sec, lui arrache le morceau de scotch de la bouche. Vel sent les larmes lui monter aux yeux. Il serre les dents, ne veut montrer ni douleur, ni trouille.

– Bon, commence le gros en exhibant la pierre qu'il tenait dissimulée derrière son dos. Deux choses, mon garçon : un, peux-tu nous dire ce que tu es venu chercher dans la tombe de la vieille Abbey à cette heure de la nuit ? Et deux, qu'est-ce que c'est que cette pierre qu'on a trouvée dans une poche de ton anorak ?

Vel se redresse comme il peut, finit par s'asseoir sur le matelas posé à même le sol.

– Cette pierre, je l'ai trouvée au bord du lac, pendant une promenade. C'est un souvenir, un genre de porte-bonheur, rien d'autre. Et pour la tombe, c'est simple, je faisais du repérage.

– Comment ça, du repérage ? bafouille l'obèse.

– Ben, pour la partie de cache-cache qu'on doit organiser cet après-midi. Quoi de mieux qu'une tombe, pour se planquer, non ?

Devant le regard ahuri des deux autres, il poursuit.

– Franchement, pour des Américains, vous me décevez.

– Comment tu sais qu'on est américains ? s'étonne le grand maigre.

– Pas compliqué. Rien qu'à vous entendre, on se croirait dans un vieux western. Et puis cette odeur de cheeseburger qui se renifle à cent mètres, sans compter le gabarit XXL de l'autre Big One, sans vouloir vous vexer.

Apparemment, Ronald en a suffisamment entendu.

– Bon, ça va, maintenant ! Tu ne vas pas te foutre de notre poire plus longtemps.

Il se tourne vers Dumbo.

– Sors le matos, toi. On va prendre la photo.

D'un sac qu'il porte en bandoulière, Dumbo extirpe un appareil photo d'un autre monde. Un vieux Polaroid[9], à flash intégré. La gifle qui lui fouette le visage, Vel ne l'a pas vue arriver.

L'autre mahousse costaud a beau avoir des doigts comme des saucisses de hot-dog, c'est tombé comme une batte de base-ball.

Ses yeux se brouillent de larmes, son nez pisse le sang.

La lumière du flash lui brûle la rétine.

Un peu plus d'une minute plus tard, l'appareil crache sa photographie. Sur le cliché, dans des teintes un peu passées, un portait pathétique. Les yeux humides, le visage blême, la bouche à moitié masquée par le sang qui coule.

9 Polaroid : appareil photographique instantané très en vogue dans les années 60/70 qui permettait d'obtenir directement des photos sans passer par des opérations de développement et de tirage sur papier.

– Je peux te dire que quand tes amis auront cette photo entre les mains, ils auront vite fait de nous refiler votre œuf géant. Alors là, aucun doute, nom d'un Suprême Chicken Barbecue !

En remontant les escaliers, il éclate de rire.

Un rire gras et encombré qui, jusqu'à l'aube, poursuivra Vel dans ses tentatives de sommeil.

Marcus Stein
Grade 9/Quatrième
14 ans
Norvégien

Abtin Darabi
Grade 9/Quatrième
14 ans
Belge

CHAPITRE 20

Un odieux chantage

8 heures 45

À peine levée, Rose se précipite dans la chambre des garçons et trouve Michael, tout juste sorti de la douche, en train de s'habiller.

– Ben alors, on ne frappe plus avant d'entrer ?

– Excuse, Michael, mais je voulais tellement savoir si Vel...

Face à elle, le lit vide, la couette rabattue à la hâte. Assis sur l'oreiller, Wilde semble, lui aussi, attendre le retour de son maître.

– Moi, commence le chat, ze crois qu'il ne faut pas désespérer. Franssement, on a réussi à ssoper un œuf vieux comme un dinosaure, on a fouillé une tombe, on s'est fait un voyaze aller-retour à Zurassic Park, eh bien, si on est capable de zérer tout ça en moins de quarante-huit heures, ze crois qu'on est capable de retrouver notre Vel dans la zournée, non ?

– Tu as raison, le chat, approuve Michael en enfilant un sweat, on va se prendre un bon breakfast, et puis on se colle aux traces de Vel jusqu'à ce qu'on lui mette la main dessus. Allez, zou !

Sur l'immense table du séjour, Mac Abbey a déjà préparé la table. Dès qu'il entend les adolescents s'installer, le châtelain s'active dans la cuisine. Les œufs sur le plat frémissent dans la poêle, tandis que le thé infuse en même temps que le pain achève de griller dans le toaster.

En moins de temps qu'il n'en faut à Wilde pour aligner trois zozotements, Mac Abbey apparaît, les bras encombrés d'un plateau en argent plus que chargé.

– Et maintenant, régalez-vous, les enfants ! Un bon breakfast, comme disait ma pauvre mère, c'est le secret d'une journée réussie.

Il marque un temps d'arrêt, remarque l'absence de Vel.

– Et le troisième lascar, il nous fait une grasse matinée, dites-moi ?

Alors que Rose baisse les yeux, Michael s'empresse de répondre.

– Je crois qu'il est sorti très tôt, ce matin. Vous savez, il est comme ça, Vel. Quand il a une idée quelque part...

– Peut-être qu'il est parti à la recherche de mon Macaron. Qui sait...

Mac Abbey s'apprête à regagner la cuisine, quand il s'arrête net et se retourne.

– Mais où est-ce que j'ai la tête, ce matin ! Sans doute mon pauvre chien qui me tracasse.

Il entre dans la cuisine et en revient aussitôt, une enveloppe à la main.

– Je l'ai trouvée vers six heures, en me levant, glissée sous la porte.

De l'unique poche de son kilt, il sort une paire de binocles qu'il ajuste sur son nez.

– Elle est adressée, je lis, *Aux petits espions du château.* C'est bien vous, je crois ?

– Pas de doute, confirme Michael. Petits espions du château, ça ne peut-être que nous !

Mac Abbey dépose l'enveloppe sur la table et regagne la cuisine. Rose se lève et va se coller à Michael.

– Qu'est-ce que tu attends pour l'ouvrir ?

– Je ne sais pas. Une sorte d'appréhension.

D'une main mal assurée, il décolle le haut de l'enveloppe et la vide sur la table. Sur la nappe de coton apparaît une photographie. Le visage de Vel, pâle comme la mort, les yeux trempés de larmes. Au dos du cliché, trois lignes écrites au stylo noir : *La vie de votre ami contre l'œuf géant. Sinon, ses os seront brisés comme ceux de Margaret Abbey. Ni police, ni confidence. Nous reprendrons contact pour le lieu de la transaction.*

Rose ferme les yeux. Elle aimerait tant qu'ils ne soient jamais venus ici.

– Qu'est-ce qu'on va faire, Michael ? Parce que là, franchement, c'est grave.

Michael glisse la photographie dans l'enveloppe.

– Le mieux, c'est d'attendre qu'ils reprennent contact. On ira à leur rendez-vous, on leur filera l'œuf et on récupérera Vel. Je ne vois pas d'autre solution.

– Ce qui est sûr, commente Wilde qui n'a pas quitté Rose d'une semelle, c'est qu'ils n'habitent pas loin, les tortionnaires.

– Comment ça ? s'étonne Michael.

– Ben, c'est simple. Vous z'avez des cervelles de souris, ou quoi ? Vel est sorti vers minuit. Ze l'ai vu se lever. Si ze calcule bien, ceux qui ont écrit leur menace, ils z'ont eu le temps d'enlever Vel, de l'emmener dans un endroit qui ressemble à une cave, de lui tirer le portrait et de glisser la photo sous la porte du ssâteau avant que le vieux ssnock se lève, vers six heures. Eh bien moi, ze dis, que ces empaffés habitent tout près d'ici. Alors, au lieu de zouer les zorphelins, si on sortait chercher des traces, ce serait pas mieux ?

Au moment où Michael s'apprête à prendre Wilde dans ses bras et l'embrasser bien fort, un bruit de dérapage contrôlé retentit dans la cour, bientôt suivi d'une série de coups de klaxon.

Mac Abbey se précipite vers la porte d'entrée. Le claquement de talons sur les marches du perron et, puissant comme le cri d'une perruche qui se serait coincé une aile dans la porte de sa cage, la voix perçante de tante Augusta.

– Alors, Mister Mac Abbey, avouez que pour une surprise, c'est une surprise, non ? Mais ne faites pas cette tête-là, mon ami ! On vous dirait tout droit sorti d'un sarcophage !!!

Cape de vison, étole en peau de castor, cuissardes et large ceinture de cuir, tante Augusta fait son entrée dans le séjour.

– Ah, my God ! Mes petits, mes tout petits !!!

Elle embrasse Michael et Rose, les serre contre sa poitrine, leur frictionne les cheveux. Wilde, lui, s'est planqué sous la table.

– Manquait plus qu'elle ! Non mais, fransse-ment, fringuée comme ça, on dirait la grand-mère des trois mousquetaires.

Soudain, Augusta s'immobilise.

– Et Vel ? Il n'est pas là, mon petit Vel ? Encore parti sur les traces de je-ne-sais-quoi ?

– Vous ne pensez pas si bien dire, ma tante, avance Michael. Il est sur une petite enquête, vous le connaissez. Mais il devrait être de retour dans la journée.

« Gagner du temps, gagner du temps, se dit Michael, attendre un signe des ravisseurs. »

Après, il avisera.

Mac Abbey, au garde-à-vous près de la porte, semble s'être figé. Il ne quitte pas Augusta des yeux. Ces cheveux blonds aux reflets un peu gris, ces grands yeux verts, cette bouche surlignée au rouge de chez Dior, et cette voix faite pour raconter des histoires autant que pour prendre l'initiative. Tout cela, il l'avait oublié et, maintenant qu'elle se tient debout devant lui, il sent son vieux cœur battre à tout rompre, ses jambes flageoler un peu. Pourtant, il ne l'a vue qu'une seule fois, lorsqu'elle est venue, il y a bien des années, avec son dernier mari, neveu par alliance de sa pauvre mère, disparu, lui aussi, dans de tragiques circonstances[10].

– Eh bien, cher Mac Abbey, vous ne dites rien !

– C'est à dire que, j'aurais causé, je veux dire parler avec votre altesse, je veux dire avec vous, chère Angora, heu, je veux dire Augusta, mais...

Sans prévenir, la tante s'affaisse sur la première chaise.

– Arrêtez de bafouiller, mon vieux, vous me donnez mal à la tête. Pendant que les petits me racontent leurs vacances, vous n'avez qu'à aller prendre mes bagages dans le taxi. Juste trois ou

10 Voir *Jack l'Éventreur, le retour,* Éditions Paul et Mike

quatre malles et quelques sacs, vous verrez. Sans compter Brett et Jasmin, bien sûr, mes deux chamois adorés.

Elle se penche alors vers Wilde.

– Je compte sur toi, mon petit Roucou, pour leur faire visiter le coin, à mes deux amours.

– No soucy, miaule Wilde. Ze vais les emmener près du lac, tes deux bobos de White Ssapel. Ze connais un lézard zéant qui va s'en occuper sérieux. Zenre casse-dalle espress.

Elle sourit et se tourne vers Michael.

– C'est insensé ! Ce chat, on dirait vraiment qu'il nous parle. Je crois bien que je ne m'y ferai jamais...

Le reste de la matinée passe comme une lettre à la poste. Une fois les bagages montés dans la chambre d'amis, Mac Abbey, front trempé et dos en marmelade, retrouve le petit groupe dans la salle à manger. Tante Augusta, à grand renfort de gestes et de mimiques, leur raconte son trajet en train depuis Londres jusqu'à Édimbourg.

– J'adore ces voyages en wagons-lits. Le restaurant, l'argenterie, les serveurs en uniforme, cela m'a rappelé ma traversée de l'Europe dans l'Orient-Express.

– C'était il y longtemps ? hasarde Rose pour montrer qu'elle participe à la conversation.

– Mon Dieu, ma chérie ! Il y a si longtemps que je ne me rappelle même plus le prénom de mon mari de l'époque. Je suis incorrigible !

Elle éclate d'un rire à faire trembler les faïences sur leurs étagères.

– En revanche, je ne vous parle pas du froid sur les quais d'Édimbourg. Un vent descendu tout droit du pôle nord, à vous congeler sur place. Quand j'ai vu sur les panneaux d'affichage qu'il fallait attendre quarante-cinq minutes pour attraper le train pour Cawdor...

En quelques phrases bien senties, Augusta raconte le taxi qui semblait l'attendre devant la gare. Quatre heures de route et cinq cents Livres Sterling plus tard, elle posait un pied devant le perron du château. Discrètement, elle dissimule un bâillement au creux de son poing, puis se lève.

– Je crois que je vais m'installer dans ma chambre pour quelques heures. Un peu de repos me fera le plus grand bien avant le lunch.

À peine tombé le dernier mot de tante Augusta, Mac Abbey, resté au garde-à-vous, s'empresse d'ouvrir la porte qui mène au couloir.

– Je vais vous guider jusqu'à vos appartements, chère Augusta. Mais dites-moi, ces adorables minous que j'ai transportés jusque là-haut, n'auraient-ils pas un petit creux après un si long périple ?

– Sachez, cher Mac Abbey, que mes deux siamois ne sont pas pourvus d'un estomac de sanglier. C'est pour cela que j'emporte leur ration : saumon fumé, blanc de dinde et purée de carottes. Voilà pour leur menu. Mais dites-moi, je m'étais laissé dire que vous aviez la compagnie d'un chien. Un certain Mac Carton, si mes souvenirs sont exacts.

– Macaron, très chère, Macaron. Mais depuis hier, il a, comme qui dirait, disparu. Envolé, comme ça, sans prévenir. Je dois même vous avouer que je suis un peu inquiet, car ça n'est pas dans ses habitudes.

Alors qu'ils arrivent à hauteur de sa chambre, elle se retourne vers le châtelain, à la mine désappointée.

– Ne faites pas cette tête d'enterrement, je vous en conjure. Vous savez, la vie réserve des surprises. Bonnes ou mauvaises...

Avant de refermer derrière elle, d'un geste doux autant que surprenant, elle lui caresse la joue.

– Alors soyez vigilant, cher Mac Abbey. Très attentif, je dirais...

12 heures 45

– Dites, les enfants, il ne rentre pas pour le lunch, notre petit Vel ? Je trouve ça un peu bizarre, non ? J'espère que vous ne nous cachez rien...

Michael se frotte la tête tandis que Rose garde les yeux plongés dans son assiette.

– OK, je vais tout vous raconter, commence Michael.

Augusta et Mac Abbey le fixent du regard.

– Il a été kidnappé.

En une seconde, les joues de la tante deviennent écarlates, les mains de Mac Abbey se mettent à trembler.

– Vous voulez dire enlevé, subtilisé, séquestré, soustrait à...

– Stop ! hurle Augusta. Arrêtez avec vos synonymes, Mac Abbey. Je ne sais pas si ça vous calme, mais moi, ça m'énerve prodigieusement.

Wilde quitte le dessous de la table où il s'était installé et sort de la pièce.

– Quand le vieux va apprendre pour la ssambre et la tombe de sa vieille, ze crois que ça va partir en live. Ze préfère encore rendre visite aux deux prout-prouts londoniens, c'est dire...

– Bon, commande tante Augusta, si tu commençais par le début, Michael.

Un bon quart d'heure pour tout relater : les traces de morsure et l'écaille sur le morceau de bois trouvé dans le lac, la première visite nocturne dans la chambre de Margaret Abbey, le carnet manquant, les vers de Baudelaire, la seconde incursion dans la chambre et la découverte de l'œuf géant. La conviction que Mrs Abbey a été assassinée et que, pour découvrir la vérité, il leur a fallu oser bien des choses.

– Parce qu'après avoir profané la chambre de ma mère, vous ne vous êtes pas arrêtés là ? lâche Mac Abbey d'un ton glacial.

Rose décide de prendre la suite.

– Ce que je peux vous assurer, Mister Mac Abbey, c'est que ce qu'on a fait, c'est surtout pour vous offrir la vérité sur la mort de votre maman.

En pesant chaque mot, elle raconte la tombe ouverte, le cercueil dévissé et la trouvaille du carnet manquant.

– Ce qui semble certain, poursuit Michael, c'est que l'œuf trouvé par votre mère avant de le cacher comme elle a fait, eh bien cet œuf, il doit dater de la préhistoire la plus lointaine. Sans doute de l'époque des dinosaures. Peut-être même que le monstre du Loch Ness...

– Ça va, on a compris Michael. Mais tout ça ne m'explique pas l'enlèvement de ton frère, tranche Augusta.

– J'allais y venir, ma tante.

Sur ce, il sort de sa poche la photo de Vel envoyée par les ravisseurs.

La photographie passe de main en main pour terminer dans celles de tante Augusta.

– Et quand est-ce que doit avoir lieu l'échange entre Vel et ce maudit œuf ?

Comme si le destin frappait à la porte, le mobile de Michael se met à tinter.

– C'est un SMS.

Sur l'écran, le numéro de Vel.

– Ils utilisent son portable.

– Bon, tu nous le lis ! s'impatiente Augusta.

Minuit, la nuit prochaine, au milieu du lac, face à la plage de Stone beach. Prévoyez une barque, et surtout, pas d'entourloupe ! La vie de ce garçon est entre vos mains...

Noa Grandry
Grade 11/Seconde
17 ans
Française

CHAPITRE 21 :

Ultime expédition

Dans la soirée

Il a vraiment fallu que Michael soit persuasif pour que Mac Abbey et tante Augusta les laissent, Rose, Wilde et lui, partir dans cette expédition, sans escorte, sans la présence rassurante des adultes.

– Sur le premier mot, a insisté Michael, les ravisseurs ont bien spécifié *Pas de confidence.* Ça veut dire qu'on en parle à personne. C'est clair.

– Et puis, renchérit Rose, sur le deuxième message, celui du texto, ils ont écrit *Pas d'entourloupe.* Pour moi aussi, c'est clair. Ils ne doivent pas avoir l'impression de tomber dans un coup fourré. Sinon, notre Vel, on ne le retrouvera jamais.

Tante Augusta et Mac Abbey ont fini par rendre les armes. Quand le trio a disparu derrière la grille du château, ils ont rejoint le salon. Mac Abbey a réapprovisionné la cheminée d'une fournée de bûches puis il a sorti une bonne bouteille.

– Pour tromper notre attente, chère Augusta, je vous propose une petite dégustation.

– J'accepte, mon ami, mais à une condition.

– Très chère, tout ce qui peut vous faire plaisir...

– J'accepte de tremper les lèvres dans votre breuvage de viking, même de vider la moitié de la bouteille si cela vous amuse, mais, dans trente minutes précises, vous embarquez ce fusil à lunette accroché au mur, on prend votre camionnette d'un autre âge et on file jusqu'à cette fameuse Stone beach. On ne sait jamais, nos petits peuvent avoir besoin d'un coup de main...

– Le voyage ne sera pas long, mon garçon.

C'est tout ce que le grand maigre lui a dit quand il est descendu à la cave.

À l'horloge de la cuisine, Vel a pu lire qu'il était près de vingt-deux heures trente. Escortés de ses deux kidnappeurs, il a traversé une partie du jardin jusqu'à rejoindre le 4X4 Toyota qui les attendait. Le gros type a ouvert la malle arrière.

– Grimpe là-dedans et tiens-toi tranquille.

Une fois le coffre refermé, ils ont roulé un petit quart d'heure. Aux chaos soudains de la route, Vel a deviné qu'ils venaient de quitter le bitume et progressaient quelque part dans la campagne.

Une fois le moteur coupé, dans l'obscurité, il a entendu les deux complices descendre, froisser ce qu'il a identifié comme étant une bâche, traîner ce qui devait être une barque. Un rafiot de bois dont la coque cognait contre les galets. Avant qu'ils ne s'installent dans l'embarcation, le big one à l'haleine cheeseburger lui a collé un nouveau morceau de scotch sur la bouche.

– Et ne t'avise pas de faire l'imbécile. Au premier incident, je te balance par-dessus bord.

Vel s'est assis au milieu de la barque. Tandis que le gros vérifiait le chargement de son pistolet, le dénommé Dumbo a commencé à souquer ferme. Doucement, la berge s'est éloignée et, à mesure qu'ils progressaient vers le milieu du lac, une fine brume s'est mise à les entourer.

Au même moment, à moins d'un mile de distance, Michael et Rose retrouvaient la barque empruntée la veille.

La brise des jours précédents a laissé place à ce vent ravageur et aride qui déchire les reliefs écossais. Le Loch Ness, comme s'il voulait cacher ses secrets les plus intimes, se couvre d'un brouillard de plus en plus épais. Une ouate verglacée qui givre les vêtements et les bouts de nez. Cent-soixante-dix mètres plus bas, dans les profondeurs sombres du lac, le maître des lieux, intrigué par de lointains clapotements, remonte doucement vers la surface. Vues par en-dessous, distantes de quelques centaines de brasses, deux barques progressent vers le centre du lac. Deux taches sombres dont l'une est accompagnée de la lueur aveuglante des lampes-torches.

Au travers de l'eau, les voix parviennent aux oreilles de Nessie. Troublant à peine le silence des profondeurs, la bête atteint la surface et s'immobilise. Dissimulée par le brouillard, elle devient la sentinelle qui observe, tente de percer la brume de ses petits yeux noirs. Assise au milieu de la barque, Rose accroche son regard aux épaules de Michael, aux mouvements réguliers de son dos quand la rame s'enfonce dans l'eau. Elle ne le lâche pas des yeux, comme un point de mire, l'unique repère à même de la rassurer.

Wilde, assis sur les genoux de sa maîtresse, n'en mène pas large.

– Ze voudrais pas zouer les matous de mauvaise augure, mais z'la sens pas, cette esspédition, mais alors pas du tout. Z'aurais mieux fait de rester au ssâteau avec le vieux ssnock et tante brise-tympans...

Michael, d'un geste, intime à son chat de se taire. Il croit avoir entendu quelque chose. Un peu plus loin, dans le brouillard, comme des lambeaux de voix. À quelques encablures, Dumbo, installé à l'arrière de l'embarcation, a calé sa respiration sur le rythme de sa pagaie. Face à lui, debout, pistolet à la main, Ronald scrute le brouillard, s'attendant, d'un instant à l'autre, à entrer en contact avec l'embarcation adverse. Assis entre les deux frères, poignets liés et bouche bâillonnée, Vel croit entendre la voix de Rose. Il sait qu'il va lui falloir prendre l'initiative et passe les hypothèses en revue. Il songe à l'eau glacée qui le tuera en moins d'une minute s'il sautait de la barque, mais aussi aux balles que le gros ne manquerait pas de lui tirer dessus s'il tentait de les prévenir, sans parler de la Bête qui, il en est certain, flottant entre deux eaux, ne doit pas les lâcher des yeux.

La brise se fait plus insistante et déchire subitement la brume, libérant à la vue une parcelle d'eau sombre.

– Ne bougez pas !

Quand il aperçoit la barque des jeunes à quelques mètres d'eux, Ronald Crump, le pistolet tendu devant lui, hurle.

– L'œuf, vous l'avez ?

Rose soulève le linge qui recouvre le panier posé entre ses jambes. À bout de bras, elle exhibe l'œuf emmailloté dans du papier cadeau. Un emballage rouge et vert, aux couleurs de Noël. Un bel œuf géant, en chocolat, acheté l'après-midi même à l'unique pâtisserie du village. La seule astuce qu'ils ont trouvée pour faire illusion.

Vel se retourne. Il voit son frère, debout, immobile, rame à la main, Rose qui se lève et lui passe ce qui doit être la trouvaille du siècle.

Vel en est convaincu : une fois que ce salaud de Ronald aura récupéré ce qu'il est venu chercher, il n'attendra pas une seconde de plus avant de vider son chargeur sur Michael et Rose. Et il le balancera par-dessus bord en suivant. Dans la tête de Michael, les pensées filent à deux cents à l'heure. Vel a les poignets entravés et se trouve dans l'incapacité de tenter quelque chose. Dès que les deux ravisseurs auront le paquet entre les mains, avant de leur rendre Vel, ils vont vérifier le contenu, se rendre compte de la supercherie et n'hésiteront pas à leur tirer dessus. La seule chose à faire, c'est de le balancer…

– Bon, alors ! rugit le gros. C'est pour aujourd'hui ou pour demain ?

– C'est bon M'sieur, marmonne Michael. Le voilà, votre œuf.

Au lieu de s'approcher de Ronald Crump et lui tendre la main, il lance son paquet dans les airs, bien au-dessus des ravisseurs.

– Mais qu'est-ce...

– À toi de jouer, Vel ! hurle Michael.

En quelques secondes, telle la chute ordonnée d'une colonne de dominos, les événements s'enchaînent sans interruption. L'œuf emmailloté atterrit dans l'eau, dérive à quelques mètres de la barque des frères Crump. Vel plonge en avant et, d'un puissant coup de boule en plein dos, envoie Ronald par-dessus bord. Dans sa chute, ce dernier appuie sur la détente et une balle vient se ficher dans la barque des jeunes, à quelques centimètres de Wilde. Dans le lac glacé, Ronald Crump tente quelques brasses en direction de l'œuf qui soudain disparaît dans l'eau noire.

Tétanisé par la tournure que prennent les événements, Dumbo s'est levé et hésite à tendre sa pagaie à Ronald ou à s'en servir pour frapper Vel qui s'apprête à sauter dans la barque de son frère.

– Dépêche-toi, imbécile ! hurle Ronald. Je vais couler.

Vel, d'un bond, atterrit dans l'embarcation amie. Rose, sans perdre de temps, lui ôte le scotch de la bouche, puis, à l'aide du canif de Michael, lui libère les poignets.

De son côté, Ronald Crump s'agite désespérément tandis que le grand Dumbo, debout, oscillant au milieu de la barque, lui tend sa pagaie. Et tout s'enchaîne à nouveau. Ronald hurle et disparaît d'un coup, comme avalé par les eaux. Puis, provenant de la berge, éclate un coup de feu. Ronald Crump se frotte le cou, regarde ses doigts trempés de sang et, la torche dans une main, la pagaie dans l'autre, tombe en avant dans l'eau glacée.

De leur côté, les deux garçons rament comme des forcenés. À cent mètres d'eux, le brouillard qui s'était un temps dissipé, semble reprendre possession des lieux. Soudain, de la brume, retentit un hurlement de bête féroce. La silhouette géante surgit et, dans un fracas de bois et d'eau, s'abat sur la barque des frères Crump. On entend les hurlements de terreur de Dumbo. Un bouillonnement, des remous, l'ultime appel au secours du plus jeune des Crump avant qu'il ne soit emporté par le monstre du Loch Ness.

Paralysés par ce spectacle terrifiant, les deux garçons ont cessé de ramer. Là-bas, ne subsistent plus que quelques planches à la dérive. Plus un bruit, plus un cri, plus un mouvement. Les trois adolescents scrutent l'eau autour de leur barque, s'attendent à voir apparaître la masse visqueuse du monstre.

Ce qu'ils ne peuvent deviner, cinquante mètres sous eux, c'est cette ombre géante qui s'enfonce dans les abîmes, le reste d'un corps pantelant entre les mâchoires.

– Bon, vous z 'attendez quoi ! s'énerve Wilde. Que la bestiole vienne nous prendre en photo ?

– Il a raison, approuve Vel. Allez, on se rentre !

Sur la rive, des phares, des claquements de portières. Dans la lumière des feux, apparaissent Mac Abbey, en kilt et bonnet, un fusil à lunette à la main. À ses côtés, en vison et bottes de cuir, tante Augusta.

– Je crois qu'on risque plus rien, les garçons.

Michael regarde son amie, d'un air étonné.

– Qu'est-ce qui te fait dire ça, Rose ?

– Je crois que la bête s'attaque à ce qui lui fait peur, ou mal. Les coups de feu, la lumière des lampes-torche. C'est pour ça qu'elle s'en est pris à eux et pas à nous.

Sur la terre ferme, Mac Abbey et tante Augusta leur braillent des encouragements.

– En tout cas, cette zournée, ze suis pas prêt de l'oublier.

– T'as raison, mon chat, sourit Vel en lui frottant l'échine. Le monstre du Loch Ness, une prise d'otage, une fusillade, deux ravisseurs tués sous nos yeux, ça fait une sacrée journée...

– Sans z'oublier, rajoute Wilde, la balle qui m'est passée près des oreilles. Et maintenant, sur la plaze maudite, comme si ça suffisait pas, voilà le couple de l'année...

Comme preuve de leur immense soulagement, un éclat de rire général.

Martin Gonthier
Grade 9/Quatrième
13 ans
Français

CHAPITRE 22

En tenue de soirée

19 heures

Sous la table, ça gratte sérieusement dans le carton coincé entre les pieds de Michael. Ça couine aussi, ça gémit. Apparemment, ça s'impatiente. Même que ça repousse la partie supérieure cartonnée, ça laisse dépasser son museau et ça se met à japper sans retenue.

– Nom d'un pur malt éventé ! jure Mac Abbey. Qu'est-ce que c'est que ce bazar ?

Entre les jambes des uns et des autres, se glisse un petit scottish noir. Sans raison apparente, il se cale contre les jambes de Mac Abbey et se met à lui gratter les chaussettes.

– Michael, ordonne le vieux châtelain en hissant le chiot sur ses genoux, je crois que tu me dois des explications.

– Heu… Je ne vois pas de quoi vous voulez parler.

– Tu me prends pour une cornemuse trouée ?

– Oui. Heu... enfin, non. Pas trouée. Je veux dire, pas du tout.

Le petit chien, debout sur les pattes arrière, se met à grignoter un des boutons de la chemise du pauvre Mac Abbey. Puis, amusé par la courbure des moustaches, il n'hésite pas à sauter pour tenter de les voir de plus près. Le vieux bonhomme hésite entre colère et sourire. Vigoureusement, il saisit le chiot par la nuque et le regarde en face à face. Entre de petites boucles noires, deux yeux comme des pépites de charbon, entre les dents dessinées comme des bouts de craies, une petite langue rose.

– Nom d'un fût de chêne, il y a bien longtemps que je n'ai pas vu une bouille pareille !

Puis il regarde les enfants un à un. D'un pincement des doigts, il rectifie sa moustache avant de commenter d'une voix un peu tremblante.

– Je ne m'attendais pas à ça. Vraiment pas. Vous êtes formidables !

Il semble hésiter un peu, puis il fixe Michael dans les yeux.

– Tu peux me dire, maintenant.

– Quoi donc ?

– Ce qui est arrivé à Macaron.

Rose, plutôt que d'entendre une histoire à dormir debout, préfère quitter la table, s'approcher d'une des fenêtres et dessiner le parc sous la lune qui vient de se lever. Vel lui, s'est calé dans un des fauteuils. Sur un genou, les derniers carnets de Margaret Abbey, sur l'autre, la pierre trouvée dans la tombe. En pesant chaque mot, Michael raconte leur découverte de la grotte préhistorique. Il détaille les ossements, les peintures à même la roche. N'oublie pas de parler de Macaron sautillant de joie entre les os. Puis il relate le passage dans le temps, le combat des dinosaures et leur retour précipité dans le présent.

– ... Quand on s'est rendu compte que Macaron était resté dans la préhistoire, il était trop tard. On ne pouvait plus rien faire.

Dans les bras de Mac Abbey, le bébé scottish s'est endormi.

– Bon, assez de blabla, Michael. Tu ne crois quand même pas que je vais avaler une histoire pareille ! C'est gentil de ta part de me raconter une aventure aussi fantastique. Mais bon, je ne suis pas dupe. Je sais très bien qu'on le retrouvera un jour ou l'autre mon Macaron, dans un fossé, percuté par une voiture ou un engin quelconque.

Machinalement, il embrasse le chiot endormi dans ses bras puis, d'un regard, consulte l'horloge.

– Grand Dieu ! Il faut que j'aille me changer pour le repas. Votre tante ne va pas tarder à descendre, et il m'est un devoir d'être à la hauteur.

Il se lève et se dirige vers le couloir en marmonnant entre ses dents.

– Ce soir, ça va être chaud-patate. Je le sens, chaud-patate !

Vingt minutes plus tard

Rose, à son tour, est montée se pomponner pour la soirée. Un coup de brosse dans les cheveux, chemisier blanc, pull bleu marine col en v, jupe écossaise et chaussettes beiges remontées jusqu'aux genoux. En sortant de sa chambre, elle tombe nez à nez avec Mac Abbey : kilt noir du dimanche, chemise mauve, nœud papillon bleu azur et blanc à l'image du drapeau écossais, souliers rouges à lacets, surmontés d'immenses chaussettes vert gazon.

– Alors, Miss Rose, vous ne trouvez pas que je suis swag[11], ce soir ?

– Heu, sans doute, Mister Mac Abbey. Swag et surprenant, c'est sûr.

– Vous pensez que votre tante appréciera ?

Wilde, arrivé sur les lieux, sent ses moustaches friser dans la seconde.

– Si elle est accroc aux z'arbres de Noël oubliés dans les poubelles, pas de problème, il va pouvoir zouer les princes ssarmants, pépère.

Ils descendent et débouchent dans la salle à manger sous les yeux effarés de Michael et Vel.

11 Avoir du *swag* : se dit de quelqu'un qui possède un style, du charisme. Qui suit la mode de manière décontractée.

– Génial ! complimente Michael, on dirait un feu d'artifice.

Vel lève les yeux de ses notes.

– Bravo pour l'audace, Mister Mac Abbey. Noir, mauve, orange, bleu ciel et vert, fallait oser. Si vous vouliez surprendre notre tante, je pense que vous êtes sur la bonne voie.

– Justement, je me demandais, bredouille l'ancêtre, si je ne suis pas allé un peu trop loin.

– Ce qui est zénial, commente Wilde, c'est d'avoir enlevé cette gourde de son cou. C'est vrai, ça faisait un peu ssien de traîneau...

Dans les escaliers, des claquements de talons puis, quelques secondes après, le même son sur les dalles du couloir. Enfin la porte s'ouvre sur tante Augusta en tenue de soirée. Tignasse blond argenté, ramenée en chignon et coincée par un diadème brillant de mille feux, robe de couturier français vert émeraude, chaussures à talons en véritable lézard, sans oublier l'étole de fourrure autour des épaules.

D'un pas majestueux, elle s'avance et s'arrête net devant Mac Abbey qu'elle ausculte de la tête au pied.

– Ce qui compte, mon ami, ce n'est pas le résultat, voyez-vous, c'est l'effort accompli. Vous avez abandonné votre kilt poussiéreux, coiffé à la brosse vos élégantes moustaches, décroché de votre cou cette odieuse fiole de soudard.

Enfin vous avez opté pour le nœud papillon et les chaussettes de caserne. Soit ! Vous avez fait plus qu'un effort, mon ami, et j'ose l'avouer, je suis conquise. Dans quelques jours, c'est Noël, et je dois dire qu'il ne vous manque plus que les guirlandes.

Elle éclate de rire à s'en taper sur les cuisses avant de se reprendre.

– Je plaisante, mon ami, je plaisante. Quoiqu'un peu bariolé, vous êtes à croquer. Et si, dans les semaines qui viennent, vous êtes désireux de quelques cours d'élégance, je vous attendrai à Londres de pied ferme...

Plus rouge que jamais, Mac Abbey offre son bras à son invitée de marque, et c'est ainsi qu'il guide le groupe vers le séjour où les attend un somptueux apéritif.

Martin Gonthier
Grade 9/Quatrième
13 ans
Français

CHAPITRE 23

Quand Vel joue les Einstein

Au milieu du repas, Vel pointe du doigt la télévision posée sur le buffet. Sur la bande noire qui défile en bas de l'écran, le commentaire indique la découverte, ce matin, d'une caverne aux abords du Loch Ness.

– Regardez, on dirait qu'ils parlent de notre grotte !

Mac Abbey monte le son et tous suivent avec attention le reportage. Un journaliste interviewe un paléontologue débarqué de Londres par le premier avion. Puis, les deux hommes, après avoir marché quelques instants dans la forêt, s'agenouillent à l'entrée de ce qui s'apparente à un terrier. « C'est dans la journée, commente le journaliste, que des promeneurs guidés par leur chien, ont mis à jour ce qui semble être un espace préhistorique de la plus haute importance.

Sans doute un refuge pour nos ancêtres, il y a environ dix mille ans.»

– C'est donc vrai, murmure Mac Abbey.

À la lueur de lampes torches, apparaissent des peintures rupestres. Tracés à même la roche, il y a des millénaires, des chevaux, des bisons, des hommes armés de bâtons et de flèches. Au sol, des ossements de tailles diverses. «Mais le plus surprenant, poursuit la voix off du reporter, c'est ce qu'ont découvert les apprentis-explorateurs au fond de la grotte.»

Dans une seconde salle, à l'entrée dissimulée par d'énormes rochers, les hommes préhistoriques ont peint un animal hors norme, une sorte de gros chien au poil marron et blanc. L'air débonnaire, un peu malin, même.

– Je rêve, lâche Mac Abbey, ou c'est mon Macaron ?

Michael et Rose se retournent sur Vel, leur spécialiste des questions scientifiques.

– Oui, Mister Mac Abbey, vous avez sans doute raison, il y a de fortes probabilités que ce soit votre Macaron, commente le jeune garçon. Mais en même temps, c'est un peu plus compliqué.

– Tu peux être plus clair, s'il te plaît ? exige gentiment le châtelain.

– Bien sûr, mais ça risque d'être un petit peu long.

Le jeune garçon se lève, éteint la télévision et se tourne vers son auditoire.

– Moi, z'adore quand il fait son p'tit prof, miaule Wilde.

Vel, manière de s'aérer les méninges, prend une bonne respiration et se lance dans une des explications les plus complexes de sa jeune existence.

– Tout a commencé il y a environ soixante-cinq millions d'années. À l'époque, pendant les périodes froides, toute la région était recouverte d'une épaisse couche de glace. Lors des périodes de réchauffement climatique, des lacs arrivaient quand même à se former par endroits...

Sans quitter son auditoire des yeux, Vel décrit dans le détail ce qu'ils ont observé la veille, lors de leur court voyage dans le temps.

– ... Ce qui est probable, c'est que les deux œufs qu'on a vus partir à la dérive se sont retrouvés prisonniers des glaces. Sans doute congelés pendant des millions d'années. Probable qu'ils ont été coincés dans une des fosses que les spécialistes ont relevées au fond du Loch Ness. Ensuite, il est vraisemblable qu'au cours du XXe siècle, à la suite d'un mouvement géologique ou de quelque chose de ce genre, les œufs aient été libérés. L'un d'eux, miraculeusement conservé, a donné vie à ce qu'on appelle à tort le monstre du Loch Ness. En fait, c'est un plésiosaure.

– Passionnant, laisse tomber Mac Abbey, passionnant...

– Attendez, ça n'est que le début. Vous n'êtes pas au bout de vos surprises. En ce qui concerne le second œuf, c'est là que votre maman entre en scène.

Vel évoque le carnet retrouvé dans la tombe.

– Je ne sais pas comment cette découverte est parvenue aux oreilles des deux Américains, mais ce qui est sûr, c'est qu'ils ont battu votre mère à mort pour la faire parler. Fort à parier aussi que ce sont eux qui ont fouillé sa chambre pendant l'enterrement.

– Je te suis, gamin, je te suis. Pour l'instant, ce que tu dis, ça tient à peu près la route. Mais comment ces deux salauds ont su, vingt-cinq ans plus tard, que vous aviez mis la main sur ce satané œuf ? Ça paraît insensé, non ?

Dans la tête de Rose, le visage des deux kidnappeurs sur le parking glacial, le coup de fil à sa mère et le 4X4, tout près.

– Moi, je sais. C'est quand on est sortis du Budgens Store...

Après les explications de Rose, Vel reprend le cours de son histoire. S'ensuit le récit de l'expédition dans la grotte, du voyage à l'époque glaciaire et du pauvre Macaron resté sur place.

– Et comment tu expliques que mon chien ait servi de modèle à des hommes des cavernes, plus de soixante millions d'années plus tard ? C'est insensé, ça aussi, non ?

– La seule explication possible, poursuit Vel, c'est que Macaron se soit trouvé une copine. Un genre de renarde ou quelque chose d'approchant, et qu'ils se soient reproduits. Et ce croisement s'est perpétué pendant des millions d'années, jusqu'à ce que des Homo sapiens décident de peindre cette espèce de chien sur les parois de leur grotte. Je ne vois pas d'autre explication.

– En tout cas, s'exclame tante Augusta, je ne sais pas si c'est de famille, mais votre Macaron, cher Mac Abbey, était un sacré chaud lapin.

– Cococo, comment ça, chaud lapin ? balbutie le vieil homme.

– Franchement, en pleine période glaciaire, entouré de féroces dinosaures, votre chien trouve le temps de séduire une renarde et de lui faire des petits. Et vous appelez ça comment, vous ?

Wilde prend son petit air excédé.

– Ssaud lapin, ssaud lapin... Bizarre comme espression. Et pourquoi pas ssaud castor ou ssaude marmotte ? Franssement, cette manie de ridiculiser les zanimaux, moi, ça me défrise les moustasses...

Michael qui, jusque-là, s'est bien gardé d'interrompre son frère, ne peut retenir plus longtemps la dernière question qui, pour lui, demeure sans réponse.

– Et comment tu expliques, Vel, cette histoire de phrase magique qui nous a permis de faire un aller-retour dans le temps ?

– Et cette pierre, aussi ? ajoute Rose. Celle que tu as trouvée dans la tombe de Mrs Abbey, qu'est-ce que ça vient faire là-dedans ?

Devant le silence de Vel, la conclusion s'impose.

– Mes enfants, laisse tomber Augusta, je crois que notre Vel, aussi brillant soit-il, ne peut avoir pas réponse à tout. Sans doute la science pourra-t-elle...

– Je crois que j'ai quand même une explication, coupe Vel en souriant. Ou du moins, le début d'une hypothèse.

Vel se lève et se précipite dans le couloir.

– J'arrive, dit-il, je vais chercher la pierre dans la chambre.

Deux minutes plus tard, il retrouve le groupe qui l'attend avec curiosité.

– Ce qu'on remarque, commence Vel, c'est que sur la face lisse de la pierre a été tracée une série de bâtonnets rangés par groupes. Vingt-et-un groupes en tout, divisés en quatre-vingt-huit sous-groupes, le tout pour huit cent trente-sept bâtonnets. Je les ai comptés un à un. Et j'ai pris pour hypothèse que chaque groupe correspondait à un mot, et que chaque sous-groupe nous indiquait une lettre, le nombre de bâtonnets nous précisant le numéro de la lettre dans notre alphabet. Et ça donne ceci.

Vel lève la pierre bien haut afin que tout le monde puisse comprendre son observation et son raisonnement.

– Dix-neuf minuscules bâtonnets pour le premier sous-groupe, ça donne la lettre « S ». Neuf traits pour le suivant, ça nous donne la lettre « i » et donc le mot « Si ». Et ainsi de suite jusqu'à la fin du message.

– Et ça donne quoi, au final ? s'impatiente Rose.

– Ça donne une phrase que je connais par cœur. Toi aussi, d'ailleurs, Michael, fait-il remarquer à son frère.

Michael saute de sa chaise.

– J'y suis, Vel, j'y suis. Ça dit : Si le point de départ est presque identique à celui de l'arrivée...

– On peut dire, poursuit Rose, que la boucle est presque bouclée.

– Incroyable ! s'exclame Michael. Mais ça ne nous dit pas comment cette phrase ouvre les portes du temps, ni qui a placé cette pierre sur le chemin de Margaret Abbey.

Mac Abbey profite de l'excitation ambiante pour déboucher une bouteille de whisky.

– Tenez, chère Augusta, trinquons à l'intelligence de ces chenapans. Je ne sais pas vous, mais moi, tant d'imagination et de perspicacité, ça me laisse complètement assoiffé.

La tante londonienne porte le verre à ses lèvres.

– Cheers[12], mon cher Mac Abbey ! Trinquons sans attendre. Surtout qu'ils n'ont peut-être pas fini de nous étonner.

– Pour répondre à ces deux questions, continue Vel, je ne crois pas qu'on ait aujourd'hui tous les éléments. Pour essayer de comprendre, il va nous falloir oser, être un peu irrationnel, voire un chouïa mystique. Ce que je crois, c'est qu'il y a dans l'univers des forces qui nous dépassent. Des entités au-delà de ce que nous pouvons imaginer, et qui choisissent parmi nous ceux qui seront des messagers. Je ne parle ni de dieux, ni de divinités. Non, d'une chose qui nous transcende tous et à laquelle nous n'avons pas accès.

Le regard de Vel croise celui de Mac Abbey.

– Je crois que votre maman avait été choisie comme messagère, Mister Mac Abbey. Sur sa route, ont été placés l'œuf géant, la pierre, les bâtonnets et leur signification. Je suis sûr que, si elle avait vécu plus longtemps, elle aurait découvert cette grotte bien avant nous. Elle aurait expérimenté la phrase magique gravée sur la pierre qu'elle avait trouvée, j'en suis certain.

---

12 Expression anglaise utilisée lorsqu'on trinque. L'équivalent de notre « Tchin-tchin ! » ou « Santé ! »

– Tu penses, interrompt Rose, qu'après sa disparition, les forces supérieures dont tu parles ont fini par choisir Macaron comme messager ?

– C'est probable, puisque c'est lui qui nous a guidés jusqu'à la caverne.

– Et comment tu expliques, interroge Michael, que cette simple phrase nous ait fait voyager dans le temps ?

Vel se gratte la tête, l'air un peu dépassé.

– Je saurais pas te dire précisément. Tout ça doit relever de la physique quantique, des distorsions de l'espace-temps, ou peut-être même de la théorie de la rétro-causalité.

– Excuse, objecte Michael, mais là, je pige que dalle.

– T'inquiète, moi c'est pareil. J'ai bien essayé de survoler tout ça dans quelques revues scientifiques, mais je crois que j'ai dû en comprendre environ un pour cent, et encore ! En fait, je crois qu'il faut accepter qu'il y ait des choses qui nous échappent, c'est tout.

Après le dernier mot de Vel, s'ensuit un silence troublant. Comme si chacun, accroché aux théories du jeune garçon, laissait vagabonder son esprit sans retenue.

– Notre jeune ami a raison, intervient Mac Abbey. Il faut savoir rester humble.

Verre à la main, il se lève, avance jusqu'à la fenêtre la plus proche. Une fois le nez collé à la vitre, il cherche à apercevoir les étoiles jouer à cache-cache entre les nuages.

– C'est vrai, nom d'un pur malt ! Qui sommes-nous pour prétendre tout savoir ? Hein, je vous le demande, qui sommes-nous ?

Wilde, lui, s'apprête à quitter la pièce et rejoindre, à l'étage, les deux siamois de tante Augusta.

– Franssement, trop, c'est trop. Des êtres supérieurs, de la physique-ssimie pour Prix Nobel, et maintenant, le vieux sstroumpf qui se lance dans la philozophie. Il est temps que ze rezoigne les deux prout-prouts. Avec eux, question neurones, au moins ce sera des vacances...

Rose, jusque-là plutôt silencieuse, lève le doigt, un peu comme à l'école.

– Qu'est-ce qu'il y a ma chérie ? glapit la tante. Ne me dis pas que tu as encore une question, parce que moi, après deux verres de whisky, il faut que je passe à table sans tarder. À moins que vous ne vouliez que je me pâme en direct. Vertiges, syncope et pâmoison, si vous voyez ce que je veux dire...

– Non, Augusta, rassurez-vous, rien de compliqué. Je veux juste savoir ce qu'on va faire de l'œuf. C'est tout.

Dans les méninges de chacun, une foule de projets...

Vel songe aux visiteurs par millions qui viendront contempler la découverte de Margaret Abbey au British Museum. Michael s'imagine dédicacer le récit de leur extraordinaire aventure. Des tonnes de livres traduits en plus de quarante langues. Mac Abbey, lui, se voit déjà recevoir les journalistes du monde entier au château. Devant les caméras, dévoiler l'histoire de sa mère, celle du monstre du Loch Ness, du voyage dans le temps de ses jeunes visiteurs et l'incroyable histoire de Macaron.

Augusta, elle, n'a pas de mal à se représenter dans le rôle d'attachée de presse du château : organiser les séjours, les excursions, les rendez-vous, peut-être même recevoir des chefs d'états en visite privée et, qui sait un jour, la Reine d'Angleterre en personne...

– J'ai une idée, lance Michael.

S'ensuit une série de moi aussi, moi aussi, moi aussi... Chacun dévoile son projet, la vision qu'il a de la suite des événements.

– Et toi, ma chérie, s'inquiète Augusta, tu ne dis rien. Tu n'as donc pas d'idée ?

Rose les regarde tour à tour.

– Je vous ai écoutés, mais je crois que vous faites tous fausse route. Excusez-moi à l'avance de doucher votre enthousiasme, mais sincèrement, il n'y a qu'une chose à faire de cet œuf. Une seule et unique attitude possible.

Face aux mines quelque peu déconfites, elle expose son idée.

– Alors, qu'est-ce que vous en pensez ?

Tandis que Vel s'en veut de ne pas y avoir songé plus tôt, Mac Abbey se dit que c'est tellement plus raisonnable, comme un juste retour des choses. Dans la tête d'Augusta se dissipent les rois et les reines, le faste des visites et des réceptions mondaines.

Michael, lui, se lève et claque une belle bise sur le front de son amie.

– Je savais que tu étais une fille géniale, Rose. Je le savais...

ÉPILOGUE

Le lendemain matin

Serrés l'un contre l'autre dans le froid de ce vingt-trois décembre, Augusta et Mac Abbey suivent du regard la barque qui s'éloigne de la berge. Dans l'embarcation, l'équipe au grand complet. À l'arrière, Vel pagaie du côté gauche, tandis qu'à l'avant, Michael rame sur sa droite. Rose a pris place sur la planche du milieu qui sert de siège et, l'œuf soigneusement posé sur ses genoux, elle observe la brume devenir de plus en plus épaisse. Wilde, figure de proue, s'est installé à l'avant, le regard rivé sur l'eau grisâtre que la barque découpe par à-coups réguliers.

– Je ne suis pas certaine qu'on ait bien fait de les laisser partir seuls, murmure Augusta.

Brusquement, elle retient sa respiration, se colle encore un peu plus au vieux châtelain.

– Regardez, très cher, on ne les voit plus. Avalés par la brume. Oh, my god ! My god !

S'il leur arrivait quelque chose, je crois que je m'en voudrais pour le reste de ma pauvre existence.

Mac Abbey lui passe un bras autour des épaules.

– N'ayez crainte, chère Augusta. Il ne leur arrivera rien de fâcheux. N'oubliez pas que, quelque part, mon Macaron veille sur eux. Et croyez-moi, cela suffit à dénouer les pires des sortilèges. Si seulement le vent pouvait se lever. Juste un petit courant d'air pour dissiper ce satané brouillard. Au moins, nous pourrions les suivre à la jumelle.

À peine a-t-il prononcé le dernier mot qu'une légère brise balaie la surface du lac, dessine une myriade de petites rides sur le gris ardoise des eaux. Au large, la brume se disperse et, quelques secondes plus tard, apparaît, déjà bien loin, la frêle silhouette de l'embarcation.

– Quand je vous dis que Macaron veille sur eux, soupire Mac Abbey.

– Et on fait comment maintenant, miaule Wilde, pour faire surgir la bestiole sans qu'elle nous manze ? Hein, c'est quoi le plan, egzactement ?

Les garçons cessent de ramer.

– Très simple, commence Michael. Première règle, ne pas affoler le monstre. Donc, pas de lampe torche, ni de cri. Toi, Vel, tu vas simplement cogner doucement le fond de la barque avec ta pagaie pour signaler notre présence. Ensuite, Rose, c'est à toi de jouer. Tu déposes l'œuf à la surface de l'eau et puis on se tire. Tranquillement, comme on est venus.

– On ne peut pas attendre un peu, juste le temps de prendre une photo ou deux ? objecte Rose. Ce serait quand même une preuve que le monstre existe, non ? De quoi faire la Une de quelques journaux, vous ne croyez pas ?

Vel empoigne sa pagaie et, à coups réguliers, commence à frapper l'intérieur de la barque.

– Écoute, Rose, répond le jeune garçon, ton idée de rendre l'œuf à la nature qui l'a engendré, c'est une idée formidable. En même temps, je comprends que tu aies envie de ramener une bonne photo, mais le problème, c'est qu'on ne sait pas comment va réagir le plésiosaure.

– Surtout, ajoute Michael, que le plésio-machin vient quand même de tuer quatre personnes. Les deux pêcheurs, il y a trois semaines, et les deux Américains hier...

Sans prévenir, le vent se lève, écarte le rideau de brume, et le lac se dévoile bientôt dans son immensité. Ce que les trois adolescents et leur chat ne peuvent deviner, c'est l'ombre géante qui vient de sortir des abysses et monte inexorablement vers la surface. Des profondeurs, on peut distinguer une tache sombre, là-haut. Flottante, presque immobile. Loin dessous, très loin, parvient le son saccadé du bois.

Les petits yeux noirs du plésiosaure ont la coque en ligne de mire. Élément perturbateur, étranger au calme, un danger de plus, ennemi à combattre et anéantir. Et ce battement incessant qu'il faut faire taire au plus vite... Alors qu'à peine dix mètres séparent Nessie de l'embarcation, apparaît, flottant à la surface, une forme ovoïdale, reconnaissable entre toutes. Au même instant, Rose se penche et dépose délicatement l'œuf au ras de l'eau. À moitié immergé, il dodeline d'abord entre les flots, puis s'éloigne, comme poussé par un courant invisible.

– Allez, on y va, décide Michael en empoignant sa rame.

– Regardez ! s'exclame Rose. Il a disparu.

L'œuf aujourd'hui fossilisé coule à pic, s'enfonce dans les profondeurs. Sa chute est freinée par la mâchoire ouverte. Gueule béante qui l'accueille sans l'écraser, ni le mordre. À la surface, la brise change d'orientation. La brume, en lambeaux dispersés, se rassemble à nouveau et redevient compacte. Les garçons rament en cadence et la barque se rapproche peu à peu de la rive. Rose tente d'accrocher son regard à la zone où l'œuf a disparu.

– Regardez, là-bas, dans la brume ! hurle-t-elle.

À cinquante mètres à peine, émergeant de l'eau, un cou immense surmonté d'une tête de serpent. L'animal se tourne vers l'embarcation, pendant quelques secondes, semble suivre la barque des yeux.

– Nom d'un pâté de harengs en croûte, c'est Zurassic lake, ici !

S'ensuit un grognement puissant, aigu comme une plainte d'animal en souffrance. Au travers d'un brouillard de plus en plus épais, les ados et leur chat devinent le monstre disparaître dans les flots. Soudain, la barque se soulève et retombe dans l'eau dans un impressionnant claquement.

Puis, le silence.

Oppressant.

La symphonie des silences...

Cinquante mètres plus bas, l'énorme masse en mouvement, l'œuf géant coincé entre les mâchoires, se fond dans les ténèbres du Loch Ness.

– C'est bon, les gars, rassure Rose. On peut y aller. Je crois que Nessie, à sa façon, nous a fait ses adieux.

– En tout cas, fanfaronne Wilde, quand ze vais raconter aux minettes de Brighton que z'ai défié le monstre du Loch Ness, ze crois qu'elles vont me prendre pour Wondercat. La gloire assurée, nom d'un saumon fumé !

– Sauf si elles respirent ton haleine de whisky, ajoute Michael en souriant. Elles vont te prendre pour le poivrot du village, tes copines.

Alors que la barque s'apprête à toucher la rive, à la mine consternée de Wilde, c'est l'éclat de rire général.

Dans le 4X4 hors d'âge de Mac Abbey, chacun s'empresse de raconter sa version des événements.

– Ne parlez pas tous en même temps, les enfants, sermonne tante Augusta. On ne comprend rien à ce que vous dites. Nous, ce qui est sûr, c'est qu'avec ce satané brouillard, on n'a pas vu grand-chose. Juste entendu une sorte de rugissement, au loin.

Elle se tourne vers le chat, assis sur les genoux de Rose.

– On peut dire qu'il a un sacré miaulement, votre Wilde.

– Heu, vous pouvez lui dire, à Miss London, que ze suis pas un ssat d'opéra ? Me confondre avec l'autre zerpent, franssement, z'aurai tout entendu.

Alors que le véhicule s'engage dans la cour du château, Augusta pousse un de ses hurlements dont elle a le secret.

– Mais où avais-je la tête, my god ! Votre père a appelé tout à l'heure. Il nous rejoint demain, avec ta maman, Rose, pour passer Noël avec nous.

L'habitacle retentit d'une flopée de youpi et de hourra.

– Et attendez, ce n'est pas tout, les enfants. Votre père a une excellente nouvelle pour vous. Une vraie surprise, vous verrez.

– La surprise ! La surprise ! La surprise !

– Bon, d'accord. Je vous en dis un peu plus, mais pas un mot à votre père. Je peux compter sur vous ?

– Motus et bouche cousue, promettent les trois ados en chœur.

Alors que Mac Abbey coupe le contact, elle se tourne vers la banquette-arrière et, d'une voix basse, se livre à la confidence.

– En novembre prochain, votre père donne une série de conférences aux États-Unis. À l'université de Dallas, pour être précise. Il sera accompagné de la maman de Rose et compte vous emmener tous les quatre. Même votre chat fera partie du voyage !

– Hey, râle le petit chat roux et blanc, normal que ze fasse partie du voyaze. Ze ne suis pas une option, qu'est-ce qu'elle croit Miss White Ssapel ?

– Calme-toi, Wilde, tempère Rose, tu fais partie du voyage. En route pour les States, génial, non ?

– Va falloir que tu t'entraînes à mâcher du chewing-gum, plaisante Michael, si tu veux te faire accepter par les chats du Texas.

– Si vous croyez que ze vais me mettre à ruminer comme un bison pour faire plaisir au matou-moyen du far-west, vous vous mettez le doigt dans les moustasses, les gars. Ze vais leur montrer ce que c'est qu'un Britiss' à ces croqueurs de pain de mie et de cornissons zéants. S'ils n'ont zamais vu un vrai matou de sa Mazesté, ils vont être servis, z'vous le dis, moi !

Tandis que Wilde fait son numéro, Vel, lui, est ailleurs. Novembre, Dallas, rien qu'à l'association de ces deux simples mots, son cerveau turbine déjà à mille cinq cent tours minute.

– Tu penses à quoi, Vel ? s'inquiète Rose. Ne me dis pas que tu es déjà là-bas...

– Tu parles, qu'il est déjà sur place ! s'exclame Michael. Je peux même te dire qu'il réfléchit déjà à la manière d'élucider l'assassinat le plus mystérieux du vingtième siècle. Pas vrai, Vel ?

Le jeune garçon écarquille les yeux, semble revenir sur place.

– Ce qui est sûr, c'est qu'on va tous à Dallas en novembre prochain. Novembre, Dallas, novembre... Vous croyez au hasard, vous ?

REMERCIEMENTS

Merci à Enid Blyton qui m'a rendu accro à son célèbre *Le Club des Cinq*, à Jules Vernes, Paul-Jacques Bonzon, tous ces auteurs et tant d'autres, de m'avoir entraîné dans la plus belle aventure qui soit : la lecture...

Merci à Lorca, mon petit chat roux et blanc d'avoir accepté de servir de modèle.

Merci à François, mon fils, pour sa réconfortante complicité.

Merci à Lucien, petit lecteur parisien, pour son esprit critique et son humour déjanté.

Merci à toute l'équipe de *l'International School of Béarn* d'avoir eu l'audace de m'accompagner dans ce projet.

Merci à Philippe, mon directeur littéraire, pour son enthousiasme, sa rigueur, son professionnalisme passionné.

Merci à Fabien, Président des éditions Paul&Mike, pour sa disponibilité, son écoute, et son art de la couverture-couleur.

Merci à Michèle, amie, marseillaise et chasseuse de fautes, pour son regard acéré posé sur mes lignes.

Merci enfin à Gillou, le jeune garçon qui demeure en moi, sans qui les aventures de nos trois ados et de leur super-chat n'auraient pu voir le jour.

Réalisation : Alain Cournoyer, Maisons-Laffitte
Imprimerie : Lightning Source, Maurepas
Dépôt légal : octobre 2017
Imprimé en France

Imprimé en France
FRHW010752110621
27437FR00004B/21

9 782366 511055